서울대 합격생의
공부 도구들

서울대 합격생의 공부 도구들

1판 1쇄 발행 2021년 7월 14일
1판 2쇄 발행 2021년 11월 22일

지은이 안영수
펴낸이 이기준
펴낸곳 리더북스
출판등록 2004년 10월 15일(제2004-000132호)
주소 경기도 고양시 덕양구 지도로 84, 301호(토당동, 영빌딩)
전화 031)971-2691
팩스 031)971-2692
이메일 leaderbooks@hanmail.net

· 잘못된 책은 서점에서 바꿔드립니다.
· 책값은 뒤표지에 있습니다.

리더북스는 독자 여러분의 책에 관한 아이디어와 원고 투고를 설레는 마음으로 기다리고 있습니다.
책으로 엮기를 원하는 아이디어가 있으신 분은 이메일 leaderbooks@hanmail.net로 간단한 개요
와 취지, 연락처 등을 보내주세요.

공부 계획,
참고서,
학습 패턴,
스터디그룹,
노트 정리,
고효율 공부 습관까지
이 책 하나로 해결한다

안영수 지음

서울대 합격생의 공부 도구들

리더북스

고등학교 때 학원 수업을 따라가기보다는 주로 혼자서 공부했는데, 그러다 보니 나에게 가장 맞는 최적화된 공부법을 찾고 싶었다. 저자를 만나서 공부 방법에 대한 조언을 들었다. 그 후에 혼자 공부하면서도 효율적으로 시간을 관리하고 학습할 수 있었다. 특히 공부 도구들만 잘 활용해도 공부에 자신감이 생기는 것을 알게 된 것은 행운이었다. 그래서 학원에 의존하지 않고도 좋은 성적을 유지했고 서울대에 입학했다. 이 책에는 저자의 노하우와 각종 팁이 담겨 있다. 공부 도구가 어떻게 공신들의 무기가 되는지 알고 싶은 수험생들에게 추천한다.

-최서윤(서울대학교 기계항공공학부 재학 중)

나는 미대 입시와 함께 수능까지 준비하다 보니 공부할 시간이 절대적으로 부족했다. 그때 이 책이 출간되었더라면 좀 더 수월하게 학습했을 것이다. 한의대에 다닐 때도 힘든 공부를 무사히 마칠 수 있었던 것은 저자의 조언 덕분이다. 공부 도구를 사용할 줄 모르면 공부의 원리도 제대로 알 수 없다. 공부 방법은 각양각색이지만 주변에서 본 최상위 학생들의 공부 도구는 비슷했다. 이 책은 시간 대비 효율적인 공부를 하고 싶은 학생들뿐만 아니라 공시족, 각종 자격증 시험을 준비하는 직장인들, 평생 자격증을 준비하는 중장년층에게도 엄청난 도움이 되리라고 확신한다.

-박민주(서울대학교 미술대학 졸업, 부산대한의전 졸업, 한의사)

나는 고려대학교에 다니면서 진로에 대한 고민을 많이 했다. 26세에 전공을 바꿔 의대에 진학하기로 마음먹었을 때, 늦은 나이에 다시 수능 공부를 하는 것이 두렵고 막막했다. 이때 저자에게 컨설팅을 받고 다시 수능에 재도전할 수 있었다. 저자는 기존의 공부 방법에서 어떤 점이 비효율적인지를 깔끔하게 정리해주었고 나는 그것을 개선할 수 있었다. 공부 도구를 잘 활용하면 공부의 수준이 달라진다. 공부 도구는 합격하는 공부 습관을 만들어 준다. 시험을 앞둔 수험생이 도움이 될 만한 책을 추천해 달라고 하면 나는 이 책을 권해주고 싶다.

-박찬호(고려대학교 졸업, 의대 재학 중)

사회적으로 안정된 한의사라는 직업에 안주하지 않고 항상 남다른 열정을 가진 저자의 모습이 흥미로웠다. 특히 저자는 명문대 학생들에게 심리요법 치료를 하면서 마인드 관리의 중요성을 강조했는데, 그것이 성적 향상과 직결된다는 사실을 검증해 보여주었다. 이는 사법시험 합격과 사법연수원 수료, 이후 MBA 과정까지 치열한 경쟁을 거쳐 온 나 역시 매우 공감하는 바다. 저자가 제시하는 공부 전략과 방법은 수험생에게 유익하고, 간단하면서도 강력한 심리적 트릭과 기법은 실전에서 흔들리기 쉬운 마음을 다잡는데 결정적인 도움을 줄 것이다. 공부 노력을 빛나게 할 실용적인 공부 도구들이 이 책 속에 다 있다고 해도 과언이 아니다. 주변 사람이나 후배들에게 자기 노하우를 아낌없이 알려주는 그가 책을 썼다면 분명 당신에게도 도움이 될 것이라 확신한다.

-조태진(한양대 법대 졸업, 법무법인 서로 변호사)

직장인으로 평생학습에 관심이 많았다. 자기계발을 하지 않으면 도태될 것 같은 압박감이 들기도 하였다. 무슨 자격증이 있어야 나의 가치를 올릴 수 있을지 막막할 때 저자에게 진솔한 상담을 받고 복잡하던 머리가 시원해졌다. 특히 의지와 체력 부분은 풍부한 노하우를 가진 저자의 조언이 큰 도움이 되었다. 서울대생들의 공부 패턴과 학습 도구를 알게 된 것도 큰 수확이었다. 저자가 자투리 시간을 공부에 활용하는 법을 알려주어 새로운 자격증에도 도전하고 있다.

-이원희(성균관대 졸업, 아시아나항공 근무)

공부는 노력과 의지만으로는
성과가 부족하다

인간은 도구를 사용한다고 하여 호모 파베르(Homo Faber)라 불린다. 그만큼 도구를 사용하는 것이 인간의 본질을 정의하는 데 중요한 역할을 한다. 인류학자 아구스틴 푸엔테스의 《크리에이티브》를 보면 인간의 창의력이 도구의 개발을 이끌었고, 그것이 뇌의 발달에 큰 영향을 미쳤다고 한다. 인간이 도구를 개발했고 그 도구는 인간의 창의력을 높이는데 긍정적인 피드백을 주었다. 즉 도구와 인간은 서로 긍정적 피드백을 주고받으며 발전하고 성장해 왔다. 하지만 그동안 도구, 수단이라는 말에 약간의 거부감이 있었다. 본질, 목적과 비교했을 때 뭔가 얄팍하고 세속적인 느낌이 든다고나 할까? 하지만 인간은 일상생활에서 도구, 수단 없이는 생존할 수 없었다.

최근에는 자기개발 영역에서 단순히 비전 제시와 동기부여를 넘어,

실질적으로 쉽게 사용할 수 있는 '도구'가 주목받고 있다. 성공한 CEO 등이 사용한 자기개발 도구들이 SNS에서 화제가 되고 불티나게 팔리는 것을 보면 단순히 밴드왜건(bandwagon) 효과[1]를 이용한 마케팅이 아니라 그 효용성에 대한 인식이 달라지고 있다.

공부는 어떨까? 불굴의 의지와 엄청난 노력으로 힘든 환경을 이겨내고 합격한 사람들을 보면서 감동하지만 정작 본인에게 적용하기는 어렵다는 사실을 깨닫고 자괴감에 빠질 것인가? 아니면 나와 비슷한 사람들이 어떤 도구를 활용하여 보다 효율적으로 공부해왔는지를 살펴보고 나에게 적용할 것인가? 어떠한 공부 방법을 선택할지는 자신의 판단에 달려 있다. 정도가 많이 줄긴 했지만 아직도 대한민국에서 공부와 관련된 시험 중에서 국민의 관심이 가장 큰 것은 바로 수능이다. 수능 시험에서 나름 성공했다고 볼 수 있는 준거집단은 의대, 치대, 한의대 합격생 혹은 서울대생일 것이다. 이러한 학생들이 직접 사용하여 효과를 본 공부 도구들을 알고 본인의 공부에 직접 접목시킨다면 그동안 어려움을 느꼈던 문제를 의외로 쉽고 간단하게 해결하고 더욱 효율적으로 학습할 수 있을 것이다.

단순히 수능을 준비하는 중고교 수험생뿐만 아니라 이제는 급변하는 세상에 잘 적응하기 위해 평생학습이라는 말이 있을 만큼 공부는 누구에게나 중요해졌다. 이에 생애주기별로 공시족, 각종 자격증 시험을 준비

---

1 유행에 따라 상품을 구입하는 소비 현상을 뜻하는 경제 용어. 퍼레이드의 맨 앞에서 행렬을 선도하는 악대차(樂隊車)가 사람들의 관심을 끄는 데서 유래했다. '편승효과'라고도 한다.

하는 직장인들, 공인중개사 등의 평생 자격증을 준비하는 중장년층까지 효율적인 공부 방법에 관한 관심은 꾸준할 수밖에 없다. 심심치 않게 공부 관련 책들이 종합 베스트셀러의 상위를 차지하는 일은 출판계에서 흔한 일이며, 최근 어디를 가든 볼 수 있는 스터디 카페의 비약적인 증가는 자기개발을 손에 놓지 않는 사람들이 많아졌다는 방증일 것이다.

그러한 관심과 더불어 공부 방법에 대한 여러 가지 내용을 제시한 책들은 기존에 많이 있었다. 하지만 학습 효과를 증대시켜 주는 '도구와 수단'에 초점을 맞춘 경우는 별로 없었다. 학습에 도움이 되는 제품을 소개해주는 단순한 내용에서 벗어나기 위해서는 이러한 도구들을 이용하여 어떻게 학습의 어려움을 해결하고, 공부 효율을 증가시켰는지에 대한 이야기를 해야 할 것 같다. 단순히 필자의 생각 수준에만 머물지 않기 위해 실제 서울대 재학생 100명과 주변에서 나름의 공부로 일가견이 있는 사람들에게 설문조사를 하여 객관적으로 다양한 의견을 수렴하여 분석해 보았다. 불굴의 의지는 누구에게나 주어진 것이 아니다. 평범한 의지를 가진 보통 수준의 사람들이 무슨 도구를 이용하여 나보다 더 효율적으로 공부했는지를 알아본다면, 이 책을 덮기 전까지 적어도 한 가지라도 공부 효율을 높일 수 있는 아이디어를 얻을 수 있을 것이다. 나는 당신에게 더욱 노력하라고 말하고 싶지 않다. 당신은 이미 충분히 노력하고 있다. 단지 그 노력에 더욱 날개를 달아 줄 효율적인 수단을 찾지 못한 것뿐이다. 그 날개를 달고 비상하길 바란다.

1장 공부가 재밌어지는 짜릿한 순간

2장 나는 지혜롭게 공부하기로 했다

3장 공부 의욕을 불러일으키는 환경

4장 노트 정리와 마인드 관리

5장 최적의 공부 컨디션을 유지하는 법

6장 나만의 개성 있는 공부 도구들

7장 알아두면 유용한 공부 기술

1장

공부가 재밌어지는
짜릿한 순간

VERI LUX
TAS MEA

나는 평생
공부하기로 했다

고등학생 때 진득하게 앉아서 공부만 하는 모범생이 아니었다. 호기심이 많다고 해야 할까? 뭔가 재미있어 보이는 일은 무슨 수를 써서라도 해봐야 직성이 풀렸다. 넉넉한 집안은 아니었고 그렇다고 가난한 고학생도 아니었다. 하고 싶은 일에 돈이 필요하면 부모님 몰래 극장과 주유소 등에서 알바를 하며 돈을 모았다. 내가 다니던 고등학교는 봉천동에 있었는데 그 당시 야간 자율학습이 없는 몇 안 되는 학교였다. 방과후에 알바를 하는데는 무리가 없었다. 공부에만 집중해도 시간이 부족한 고등학생이 학교에서는 친구들과 놀고, 그 당시 비주얼 록 그룹에 빠져서 학교 근처의 조그만 개척교회 지하에서 드럼을 연습하고, 알바를 하며 돈을 벌었다.

그때부터 노력한 시간 대비 성과를 따지며 공부를 했던 것 같다. 내신 성적은 학교 시험 기간에만 공부하여 상위 등급을 유지했다. 그 당시 내신 시험은 교과서를 거의 통으로 암기하면 그리 나쁜 성적이 나오지 않았다. 일본 서적을 번역한 기억법 책들을 뒤적이면서 스스로 통암기법을 익혔다. 그래도 시험 때만 공부하다 보니 내신 성적이 최상위는 아니었다. 다행히 명문고가 아니어서 학교 성적은 그럭저럭 나왔다.

친구들과 항상 우스갯소리를 했다. 우리 학교에는 4학년이 있다고. 역시나 수능 성적은 만족스럽지 못했다. 나는 노량진 재수학원으로 향했다. 학원비와 생활비가 부담이 되었다. 유명한 재수학원은 가지 못하고, 전체 모의고사 석차 10등 안에 들면 학원비가 면제되는 학원을 골랐다. 명문대 합격 이력이 있어서 과외를 해볼까도 생각했지만 내가 선택한 학원은 요즘의 자물쇠반처럼 아침에 들어가면 저녁에나 나올 수 있었다. 과외를 하는 것이 불가능하였다. 새벽에 오토바이를 타고 신문을 배달하여 학원 식권비와 생활비를 벌면서 공부했다.

∾ 기출문제의 중요성 ∾

온종일 집중하면서 공부한 것은 처음이었다. 공부의 즐거움을 느끼기 시작했다. 그동안 단 한 번도 학원에 다니지 않았던 나는 재수학원 선생님들의 탁월한 강의 능력과 공부 스킬 덕분에 실력이 단기간에 나아지는 것을 체험했다. 특히 취약 과목이었던 수학은 선생님의 강의에

매료되어 자연스럽게 집중도가 높아지고 실력이 향상되었다. 특히 이 기간에는 기출문제 분석에 공을 들였다. 수능이 생긴 이래로 출제된 모든 사설, 공식 기출 모의고사를 노량진 복사집에서 사들이기 시작했다. 학원 수업 시간에는 최대한 집중해서 정리를 끝내고 예습과 복습을 따로 하지 않았다. 매일 야간 자율학습 시간에만 1회씩 모의고사를 풀었다. 원래 시간대로 풀면 장장 8시간 정도가 소요되지만 최대한 빨리 풀어서 4시간 정도에 전과목을 끝냈다. 문제를 푼 다음에는 채점하고 간단히 정리하고 다음 날 아침에 한 번 더 틀린 것만 정리하고 넘어갔다.

따로 필기를 하거나 정리를 잘하는 스타일은 아니었기에 계속 문제만 풀었다. 매일 모의고사를 1회씩 풀다 보니 문제가 부족했다. 그때마다 복사집에서 다시 새것을 구입하여 다시 똑같은 패턴으로 공부했다. 친구들은 같은 문제를 또 보면 암기가 되어서 무슨 소용이 있냐고 했지만, 회를 거듭해서 문제를 다시 풀면 같은 문제도 다르게 보이는 것이 있었다. 이때 기출문제의 중요성을 알게 되었다.

이처럼 거의 기계적으로 문제 유형을 빠르게 익히다 보니 패턴도 보이고 심지어 수능과 비슷한 유형의 시험은 잘 찍을 수도 있었다. 수능 바로 전날 개인적인 일이 생겨서 잠을 2시간도 못 자고 시험장에 갔다. 컨디션이 엉망인 채로 시험을 봤지만 문제를 푸는 것이 몸에 익어서인지 좋은 성적으로 서울대학교에 입학하게 되었다.

∽ 공부하면서 한 뼘씩 성장하다 ∽

대학생이 되니 좋은 점이 많았다. 관심 있었던 음악, 미술, 체육 등을 교양 수업으로 배울 수 있었다. 각 분야에서 최고인 기라성 같은 교수님들의 수업을 들으며 호사스러운 지적 유희를 즐겼다. 대학생 신분이었지만 열심히 과외하여 돈을 벌었고, 뜻이 맞는 친구들과 함께 교육 벤처를 설립하기도 했다. 큰 성공을 거두지는 못했지만 신나게 하고 싶은 일을 하면서 밤샘하며 성과를 만들던 행복한 시간이었다.

개인적으로 안 좋은 일이 생겨서 갑자기 군에 입대할 수밖에 없었다. 주변에서 육군보다는 공군에 가면 공부할 시간적 여유가 있다는 이야기를 듣고 복무기간이 30개월인 공군에 입대했다. 하지만 진주 훈련소에서 훈육 조교로 차출되었다. 조교는 일과 후 내무생활이 거의 없었다. 병장이 될 때까지 공부할 시간은 턱없이 부족했다. 그래도 국방일보에 나오는 한자를 틈틈이 암기하여 한자능력시험에 붙었다. (이 자격증은 평생 자격이라 이후에 한의학전문대학원 입시 요건을 채우는 데 유용했다). 장교들이 보고 버리는 경제신문도 필요한 부분을 오려서 주머니에 넣고 다니면서 암기하다시피 읽었다. 틈틈이 부동산 공부를 하면서 공인중개사 시험도 준비했다.

군 제대 후에 복학했다. 이른바 복학생 파워인지 공부에 재미를 느낀 덕분인지 수업을 열심히 들었다. 졸업할 때 우등 졸업을 하게 될 학점도 얻고 전액 장학금을 받기도 했다.

주변에 행정고시를 준비하는 사람들이 꽤 있어서 분위기에 휩쓸렸다. 별로 관심이 없었던 행정고시 재경직에 PSAT 1차를 신청했다. 재수 시절에 했던 대로 수업은 듣지 않고 모의고사 유형만 잔뜩 구해서 계속 반복하여 풀었다. 첫 시험에서 다행히 합격했다. 2차 시험까지는 기간이 얼마 남지 않아 이 또한 2차 시험 서술 유형과 비슷한 케이스 문제집 한 권만 주야장천 반복해서 공부했다. 실력이 부족하여 2차에서는 떨어졌지만 짧은 기간 공부한 것치고는 꽤 점수가 잘 나와서 계속 고시 공부를 해볼까 고민했다. 하지만 교육 벤처를 운영했을 때 좀 더 전문적인 경영 지식과 마케팅 감각이 필요하다는 생각이 들어서 미국 MBA 진학을 목표로 공부하게 되었다.

이것저것 해보느라 상대적으로 취업을 위한 준비는 부족했다. 좋은 토익 점수, 어학 연수, 공모전 등의 경력은 없었지만 최선을 다해 MBA 진학이 가능한 외국계 기업에 입사하기 위해 많은 도전을 했다. 메일을 찾아서 이력서를 보내고 인맥이 없어도 회사에 찾아가는 등의 적극성을 보였다. 인터뷰에서는 호의적인 반응을 얻었지만 영어를 자유롭게 구사하지 못하여 결국 외국계 컨설팅 회사에는 합격하지 못하고 씨티은행에 입사했다. 국내 굴지의 대기업 재무팀의 합격을 뿌리치고 결정한 입사였다.

∞ 공부로 단단한 사람이 되다 ∞

이후에 영어 공부에 매진했다. 씨티은행에 입사할 때도 영어 실력이 부족하여 가고 싶었던 본사 부서 발령을 못 받았기에 더욱 이를 갈면서 공부했다. 새벽 5시에 여의도에 도착하여 회화 학원에서 배우고 영어 스터디를 강행군하였다. 이때의 영어 공부는 반복 청취로 통암기하는 《영어 공부 절대로 하지 마라》(영절하) 방식과 《애로우 잉글리시》의 영어식 사고 훈련의 도움을 많이 받았다. 해외 경험이 전혀 없고 영어 기초가 부족했던 나는 무척이나 애를 먹으며 영어 공부에 몰입했다. 업무에 도움이 되는 AICPA나 CFA도 공부하면서 MBA 진학을 위한 공부를 주경야독으로 해나갔다. 이때는 스터디 카페가 없던 시절이라 아예 회사 근처 독서실에 회원권을 끊고 퇴근하면 곧바로 가서 공부했다.

회사에 다닐 때 좋게 봐주신 임원이 전직을 권유했다. 경력을 인정받고 자산 컨설팅 회사의 컨설턴트가 되었다. 마침 독립적인 사업 권한으로 진행하려는 분야가 있었다. 개인 사업 욕구가 강했던 나는 여기에 지원했고, 프랜차이즈라는 새로운 분야를 또 새롭게 공부할 수 있었다. 눈코 뜰 새 없이 바쁜 와중에 시간을 쪼개서 공부하는 방식에 숙달이 되었다. 일하는 틈틈이 5분이나 10분 단위로 집중해서 공부하다 보니 짧은 시간에 몸이 공부로 전환되는 연습이 저절로 되었다.

∞ 치유를 위한 길고 긴 여정 ∞

내 인생에서 최악의 시기가 다가오고 있었다. 가장 애정하던 사람의 충격적인 죽음을 눈으로 직접 보았다. PTSD(심적 외상후 스트레스 장애)의 후유증이 극심했다. 큰 충격 이후에 몸을 추스르고 계속 일을 해보려고 했지만 쉽지 않았다. 어느 날 클라이언트와의 중요한 상담이 있었다. 열심히 상담하는 도중에 잠시 창밖의 밝은 빛을 한번 보았는데, 그때 나는 죽음의 공포가 몰려오는 것을 느꼈다. 심장마비가 오는 줄 알았다. 고객에게 잠시 양해를 구한 후 화장실에 갔고 바닥에 뒹굴었다. 119를 부르고 응급실로 향했다. 여러 가지 검사가 진행되었다. 담당 의사는 정신과로 가라고 이야기했다. 내 귀를 의심했다. 그날이 공황장애 패닉의 첫 시작이었다. 공황장애는 지금은 연예인들도 많이 공개하고 있어서 흔한 병처럼 느껴지지만, 그 당시에는 정신장애를 밝히는 것은 용기가 필요한 일이었다. 공황장애에 대한 오해도 많았기에 혼자 끙끙 앓으면서 힘들어할 수밖에 없었다.

이때부터 치유를 향한 길고 긴 여정이 시작되었다. 당연히 MBA 진학을 뒤로 미루게 되었다. 비행기를 탈 수 없어서 해외 출장을 갈 수 없었다. 단 한 번뿐인 신혼여행도 배를 타고 제주도에 갔다. 고속버스를 타고 가다가 패닉이 오면 고속도로 한가운데서 내려야 했다. 근처 휴게소까지 걸어가면서 펑펑 울었다. 자가운전을 해도 사고에 대한 공포로 손이 땀으로 축축했다.

하루하루 힘겹게 일을 마치고 오면 심신이 너무 힘들었다. 자살의 유혹은 계속되었다. 보통 사람은 죽기 전에 딱 한 번 느끼는 공포를 나는 매일 느끼면서 고통받았다. 계속 이렇게 살아야 한다면 차라리 딱 한 번의 고통으로 끝내버릴까 하는 생각이 밀려왔다. 온종일 어디서 어떻게 자살할까만 생각했다. 술을 많이 마시면 나도 모르게 넥타이로 목을 조이곤 했다.

이래서는 안 되겠다 싶어 술을 완전히 끊었다. 앞으로 어떻게 살아야 할지를 처절하게 궁구하였다. 전국에 유명하다는 한의원, 한약방, 대체 의학자, 영성 힐러들을 찾아다녔다. 효과가 없거나 의문이 들 때는 직접 배워야겠다는 생각이 차올랐다. 여러 대체의학 기술, 영성, 최면, NLP, 행동인지 치료, 심리 치료 등의 코스를 수료하였다.

∽ 공황장애가 완치되다 ∽

몸이 편하지 않으니 당연히 일도 제대로 될 리가 없었다. 잘 나가던 사업부를 개인 사업으로 전환하여 성과를 내고 있었는데, 동업자의 실수로 큰 손해를 입었다. 그동안 열심히 모은 돈은 치료비로 빠져나갔다. 그냥 이렇게 살 수밖에 없는 것인가?

삶에 비애감이 솟구쳐 올랐다. 아주 오래전 대학 시절에 서울대와 지방한의대 입학을 고민했던 때가 생각났다. 지금은 입결이 많이 낮아졌지만 내가 대입을 앞둔 시절에는 허준 세대라 불리는 한의대 입결이 고공행진을 하던 시기였다. 지방한의대로 진학하면 과외를 하면서 돈을 벌기가 힘들고 생활비도 많이 들 것 같아서 포기하였는데, 다시금 한의학을 공부해서 내 몸을 고쳐볼까 하는 생각이 조금씩 들기 시작했다. 이때 우연히 인터넷으로 검색하여 어느 한의원에 가게 되었다. 그 당시에는 몰랐지만 원장님은 상한론을 근거로 한 고방의 대가이셨다. 큰 기대를 안 하고 여타 한의원처럼 3개월 치를 결제하고 약을 먹었다. 그런데 약을 단 한 재만 먹고 공황장애가 좋아졌다. 가끔 복부에서 올라오는 불쾌감이 패닉의 전조 증상이었는데 잔여 불안감도 계속 첩약을 먹으면서 안정을 찾게 되었다. 단기간에 공황장애가 완치되는 기적적인 경험을 하게 되었다. 나는 그동안 한의원에 다니면서 실망했다. 치료의학으로서의 한의학의 가치를 불신했다. 그러나 공황장애가 완치되면서 그 불신을 말끔히 씻어 버렸다.

∽ 공부 또 공부 ∽

공황장애가 완치된 후에 사업은 순항을 계속했다. 또 다른 도약을 준비해야 할 때였다. 그러나 나는 과감히 사업을 정리했다. 내친김에 한의사가 되기로 마음을 먹었다. 나이가 많아서 6년 과정은 너무 부담스러웠다. 4년제인 부산대학교 한의전에 도전하기로 했다. 입학 요강을 보니 의전원 준비와 유사했다. 난생처음 MEET 시험을 준비하면서 생물, 화학, 유기화학을 공부했다. 프리패스 인강 수업을 들으면서 MEET 시험 준비와 자소서, 학업 계획서를 작성하였다. 이때도 짧은 시간에 태블릿에 다운받은 인강을 짬짬이 들었고, 실전 유형과 동일한 문제들을 내용을 모르더라도 그냥 해설을 보면서 풀었다. MEET 시험은 워낙 난이도가 높아서 이론을 많이 공부한다고 좋은 점수를 받는 건 아니란 생각이 들었다. 철저하게 문제 유형만 연구했다.

나의 간절한 마음이 통했는지 높은 MEET 점수로 한의전에 합격했다. 가족의 헌신으로 강남 오피스텔을 매각하여 생활비와 학비로 충당하면서 인생에서 가장 여유로운 공부를 할 수 있었다. 한의전에서 공부하면서도 바로 개원을 하고 싶어서 주말에는 서울에 올라와서 한의사들을 대상으로 하는 여러 임상 술기 등의 강의를 들었다. 원래 한의대생에게는 공개되지 않는 부분들이 많지만 강사들에게 사정을 이야기하고 도움을 요청하여 좋은 공부를 많이 할 수 있었다.

꿈에 그리던 한의원을 개원했다. 내 또래의 한의사들과 비교하여 턱없이 부족한 실력이기에 항상 공부하고 있다. 나는 평생 공부하기로 마음을 먹었다. 이 책으로 나는 또 다른 인생 항로로 나아갈지도 모른다. 그때도 역시 내가 부족한 부분을 공부하며 새롭게 도전할 것이다.

2장
나는 지혜롭게
공부하기로 했다

아침에 원하는 시간에 일어나는 방법

한의학의 고전 《황제내경》 사기조신대론(四氣調神大論)에 소개된 양생법에는 이런 문구가 있다.

> 춘삼월 야와만기(春三月, 夜臥晚起) 하삼월 야와조기(夏三月, 夜臥早起)
>
> 추삼월 조와조기(秋三月, 早臥早起) 동삼월 조와만기(冬三月, 早臥晚起)

해석해 보면, 봄에는 늦게 자고 늦게 일어나고, 여름에는 늦게 자고 일찍 일어나고, 가을에는 일찍 자고 일찍 일어나고, 겨울에는 일찍 자고 늦게 일어나라는 것이다. 태양이 떠 있는 시간에 따라 수면 주기가 결정되기 때문에 그것을 지키는 것이 자연과 상응하여 건강할 수 있다는 이야기이다.

하지만 지금 당장 자기개발을 위해서 보다 많은 시간 확보가 필요한 수험생에게는 지키기 힘든 것일 수도 있다. "일찍 자고 일찍 일어나라." "아침형 인간이 성공한다." 같은 말을 수많은 자기개발서에서 귀에 못이 박히도록 들었지만 쉽지 않은 문제이다. 지금 당장 유튜브를 검색해 봐도 아침형 인간이 되는 방법을 안내하는 수백 가지의 콘텐츠들이 상당한 조회수를 기록하고 있다. 이것만 보아도 아침형 인간이 되는 것은 대부분 어렵다고 생각하고 또한 절대적으로 효과적인 방법이 없다는 반증이기도 하다.

∽ 최적의 컨디션으로 집중할 시간을 확보한다 ∽

그렇다면 서울대 합격생들은 잠과의 전쟁에서 어떻게 승리하고 있을까? 모두가 체력이 좋고 의지가 강해서 아침마다 벌떡벌떡 침대를 박차고 일어나는 것일까?

필자가 서울대에 다닐 때 이른바 '소년등과(少年登科)'로 행정고시 재경직이나 사법고시를 패스한 친구들의 경우 '숏슬리퍼(short sleeper)'라 불리는 천재형들도 분명 있었지만, 대다수는 기상 시간이 일정하지 않았다. 즉 아침형 인간도 있었지만 올빼미형 인간도 분명히 있었다는 말이다. 중요한 것은 '최적의 컨디션으로 하루에 얼마만큼 집중할 시간을 확보했느냐'이다.

침대에서 뒤척이고 늦게 일어난다고 해서 컨디션이 좋을까? 그렇지 않다. 언제 잠들고 언제 일어나는지는 중요하지 않다. 나의 체력이 충전될 만큼 쉽게 잠들고, 깊게 자고, 원하는 시간에 일어나기만 하면 된다.

건강을 잃지 않고 아침에 최적의 시간에 일어나서 내가 원하는 시간을 확보하려면 어떻게 해야 할까?

서울대학교 학생들은 무엇을 가지고 일어나는 시간을 정복하고 있는지 살펴보자.

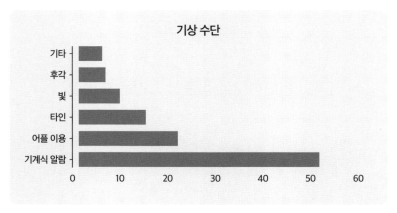

(2021년 서울대학교 커뮤니티 Snulife 재학생 설문조사 100명)

그림을 보면 알 수 있듯이, 서울대생들이 아침에 기상하기 위해 쓰는 도구들은 특별하지 않다. 안심이 되는 것은 그들도 일찍 일어나는 것에 큰 부담을 느끼고 있다는 사실이다. 공부를 잘한다고 해서 아침마다 쉽게 일어나는 체력이나 초인적인 강력한 의지를 타고나지는 않았다.

∽ 알람시계와 알람 앱은 효율적인 기상 도구 ∽

설문조사 결과 아직도 대부분은 기계식 알람 즉 알람시계나 핸드폰의 기본 알람 기능을 가장 많이 이용하고 있었다. 이것은 청각적 의존이라고 볼 수 있는데, 개중에는 큰 소리의 알람시계를 구해놓거나 이동하는 알람시계, 알람시계와의 거리를 멀게 해두는 등의 소소한 팁들도 엿볼 수 있었다. 분명 알람시계가 가장 강력하고 효율적인 기상 도구임에는 분명했다.

앱을 이용한다는 답변도 분류해놓기는 했지만 크게는 알람시계와 같은 청각적 방법으로 분류해 볼 수 있다. 앱을 이용한다는 답변 중에서 중복된 추천 앱은 sleep cycle, 알람몬, 타임스탬프 앱 등이었는데, 앱 스토어에서 사용자 수가 많고 평가가 좋은 앱 등을 역시나 사용하고 있었다.

앱을 이용하지만 자신이 좋아하는 책을 읽어주는 오디오 클립을 시간 설정을 해서 듣는다는지, 음악 앱으로 자신만의 아침 기상 음악 알람

| sleep cycle | 알람몬 | 타임스탬프 |

을 만들어 놓는다는 답변들도 눈에 띄었다. 군에서 제대한 지 얼마 안 된다면 기상나팔 소리도 아주 강력한 수단으로 추천되었다.

∽ 빛을 수면 패턴 조정으로 이용한다 ∽

설문조사에서 주목할 만한 부분은 '빛을 이용한다'는 것이었다. 필자 역시 힘들지 않으면서도 건강을 지킬 수 있는 강력한 수단 중 하나로 빛을 이용하고 있다. 우리 몸에는 내인성 일주기 조율기(ECP: Endogenous Circadian Pacemaker) 또는 생체시계(biological clock)라고 부르는 리듬이 있다. 이는 내인성(endogenous) 요인과 외인성 (exogenous) 요인에 의해 영향을 받으며 끊임없이 변화한다. 이중 혈중 멜라토닌이나 코르티솔의 분비 주기는 주로 내인성 요인에 의해 결정되고, 혈중 성장호르몬의 분비 주기는 주로 외인성 요인에 의해 결정된다. 여기서 외부 요인이란 활동시간, 외부 온도, 식사 시간 등 다양한 요인이 포함되어 있다. 이 외부자극을 자이트게버(zeitgeber)라 부른다. 그렇다면 이 외인성 요인 중 가장 효과적이고 강력한 것은 무엇일까? 그것은 바로 '빛(light)'이다. (직장인의 경우 빛(debt)일 수도 있겠다).

이러한 점에서 '빛'이라는 도구를 주목하게 되었다. 공부할 때 원하는 만큼의 시간 확보와 건강이라는 두 마리의 토끼를 잡을 수 있는 강력한 수단의 힌트를 얻게 된 것이다. 비록 태양을 조절할 수는 없지만 빛을 조절하는 것은 어떨까?

앞서 빛을 수면 패턴 조정으로 이용한다는 서울대생들의 답변을 자세히 들여다보면, 잠잘 때는 '암막 커튼' 등을 이용하여 수면을 방해하는 빛을 차단한다고 했다. 또한 잠들기 직전에 일어나서 불을 끄는 것이 매우 귀찮아 불을 켜고 자는 경우를 방지하기 위해 '스위치봇' 등을 설치하여 반드시 소등하고 잠든다고 했다.

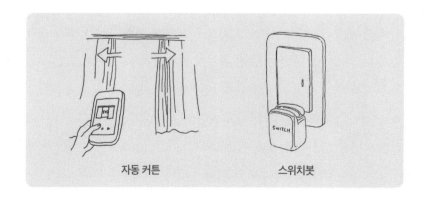

자동 커튼   스위치봇

자동 커튼은 설정된 기상 시간에 커튼이 열리면서 자연스럽게 빛에 노출되어 일어나게 만든다. 그런데 빛이 들어오는 창문이 없거나 올빼미형이라서 태양의 주기와는 다른 리듬을 만들고 싶을 때는 어떻게 해야 할까? 이럴 때 서울대생의 추천 도구는 라이트 테라피(light therapy) 제품군이었다.

라이트 테라피

라이트 테라피 제품은 본래 우울증 등이 빛의 노출이 감소함에 따라 나타나기 때문에 이에 대한 노출도를 조절함으로써 치료 효과를 높이기 위해 개발되었다. 간단한 LED 구조로 태양 빛과 유사한 빛의 효과를 준다. 어느 시간이든지 수면 주기에 맞추어 빛을 비추게 되면 우리 몸은 이를 태양 빛으로 인식하여 자연스럽게 수면 주기와 생체 리듬을 재조정해 주는 효과가 있다. 비록 대다수는 아니지만 서울대생들은 이러한 방법을 이용하여 생체 주기를 조절하고 있었다. 이것도 당신에게 추천하고 싶은 타이탄의 도구 중 하나이다.

∽ 후각이 발달했다면 발향 제품을 추천한다 ∽

또 다른 자연스러운 감각으로 기상하는 방법은 후각을 이용하는 것이다. 침대에 누워있을 때 향긋한 커피 냄새와 버터 토스트 냄새를 맡으면 어떨까. 혹은 엄마가 직접 해주시는 밥솥의 구수한 증기 냄새를 맡으면 절로 일어나고 싶다. 물론 원하는 시간에 이러한 기상을 유발하는 행복한 냄새를 맡기는 쉽지 않다. 그렇다면 시간을 조절할 수 있는 발향 제품군 등을 이용한다면 좋은 방법이 될 수 있다. 후각이 발달한 사람이라면 이 방법 또한 추천하고 싶다.

여기서 잠깐만!

자신이 후각적 인간형인지 어떻게 알 수 있을까? NLP에서 유래한 오감적 언어 패턴으로 파악할 수 있다. 의식하지 않고 친구들과 이야기하는 자신의 말을 한번 녹음하여 들어보자. 혹시 무언가를 묘사하여 말할 때 주로 후각적인 심상으로 표현하지 않는가. 예를 들어 "저번에 소개팅한 훈남 오빠는 완전 비누 향 뿜뿜 아니었어?" "그때 갔던 브런치 집 빵 굽는 냄새가 너무 향긋했지?"처럼 후각적 표현이 많다면 후각적 인간형일 가능성이 높다.

설문조사에서 또 다른 다수의 답변으로는 주변 사람을 이용한 강제 동기부여형이 있었다. 즉 엄마가 등짝 스매싱으로 깨워 주시던지, 남자(여자) 친구의 달콤한 모닝콜, 혹은 학교 중도(중앙도서관) 앞에 모여서 벌금을 매기는 강제 기상 스터디 등이 있었다. 주변에 도와줄 지인이 있거나, 스스로 의지가 너무 나약하다고 느껴진다면 이러한 시스템을 만들어 보는 것도 좋다.

인간의 의지는 너무 나약하고 습관이라는 시스템은 강력하니 그 시스템을 만들어 보는 것도 자신을 위한 중요한 투자일 것이다. 이 강력한 습관을 만드는 시스템은 이미 많은 책에 자세히 나와 있고 좋은 응용 앱들도 많이 출시되어 있으니 자신에게 맞는 도구들을 찾아 시도해보는 것도 도움이 될 것이다.

기타의 대답으로는 일어나자마자 조깅을 한다, 링피트 같은 몸을 움직이는 게임을 한다, 찬물 샤워를 한다 등이 있었다. 팀 페리스의 《타이탄의 도구들》에도 언급된 빔 호프(Wim Hof)[1]의 호흡법과 찬물 샤워를 실행하는 서울대생도 있었다. 하지만 이 방법을 시행하고 있는 학생들은 이미 강력한 의지력을 가졌다고 추측하기에 추천하기가 쉽지 않다. 재미있었던 기타 답변으로는 가학적이긴 하지만 자신에게 멘톨 스프레이를 뿌린다는 것도 있었다.

자, 이제 자신에게 끌림이 있거나, 필자가 추천하는 방법을 시도해 본다면 공부하는 시간을 좀 더 주도적으로 이끌어 갈 수 있을 것이다. 각자에게 맞는 타이탄의 도구를 하나라도 장착하기 바란다. 이 책을 읽어나가면서 하나씩 자신에게 맞는 강력한 아이템들을 장착해 간다면 수험이라는 목표 클리어 또한 멀지 않을 것이다. 이제 시작이다!

---

1 아이스맨이라 불리는 네덜란드 모험가. 해발 7,500m 에베레스트를 반바지와 신발만 신고 등반했다. 핀란드 북극권 한계선을 넘는 마라톤을 반바지 차림으로 완주했다. 2시간 아이스 목욕 참기 기록도 보유했다.

플래너를 이용한
완벽한 공부 계획 세우기

최근 학습 전략에서 가장 큰 화두는 '메타 인지'다. 자신의 인지 과정을 한 차원 높은 시각에서 관찰·발견·통제하는 정신 작용을 메타 인지라고 한다. 메타 인지는 학습과 관련된 여러 주제에서 계속 언급된다. 학습 계획을 세울 때 메타 인지가 어떻게 작용하는지 살펴보는 것도 흥미로울 것이다.

우리는 새로운 일을 시작할 때 우스갯소리로 타이슨의 명언을 종종 인용한다.

"누구나 그럴싸한 계획이 있다. 처맞기 전까지는(Everyone has a plan. Until they get punched in the mouth)."

메타 인지 연구에서 흥미로운 실험 중 하나는 자신의 유머 감각에 대한 평가다. 평상시 유머 감각이 낮다는 평가를 받은 학생일수록 자신의 유머 감각을 높게 평가했다. 메타 인지 능력의 가장 중요한 요소, 즉 메타 인지가 높은 사람들은 자신의 평가를 정확하게 한다. 반면에 메타 인지가 낮을수록 자신을 과대평가하는 오류를 범한다.

서울대생들이 공부를 잘한다고 하여 반드시 메타 인지가 높을까? 학습적인 요소에서 이 메타 인지가 발달된 군의 비율이 높을 것이라는 것은 조사해 보지 않아도 분명할 것이다.

∽ 계획 수정의 용이성 ∽

서울대생들을 대상으로 공부 계획을 세우는 방법에 관해서 설문조사를 했다. 그 결과를 분석하면서 가장 흥미로웠던 점은 '계획 수정 가능성'이었다. 그들이 애용하는 공부 도구들 역시 '즉각적인 계획 수정의 용이성'이 얼마나 자신의 공부 스타일에 맞느냐가 결정적인 선택의 요인이었다.

흔히 공부를 잘하는 학생들을 보면서 '저 학생은 계획을 세우면 목표를 향해 변함없이 꾸준히 돌진하여 이루어낼 거야.'라는 생각을 많이 할 것이다. 하지만 서울대생들의 공부 계획을 들여다보면 변경의 연속이다. 놀랍지 않은가? 오히려 공부를 못하는 학생일수록 공부 계획이 무엇이 잘못되었는지 알지도 못하면서 꾸역꾸역 공부한다. 거기에다 자신이 소화할 수 있는 공부량을 항상 과대평가하여 매번 작은 목표를 달성하지 못한다. 결국 뇌는 지속적인 좌절감으로 인하여 학습 메타 인지 능력을 더욱 쇠퇴하게 만든다.

서울대학교 학생들은 무엇을 가지고 학습 계획을 세울까?

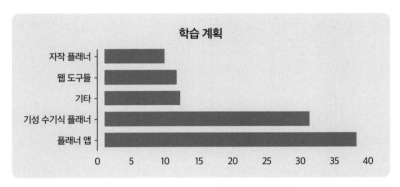

(2021년 서울대학교 커뮤니티 Snulife 재학생 설문조사 100명)

  가장 먼저 눈에 띄는 것은 기타 대답을 한 11명의 대부분은 계획을 세우지 않는다는 거였다. 계획을 세우지 않는다고 답한 학생들에게 카톡으로 그 이유를 물었다. 이야기의 요점은 머릿속에 어느 정도 계획이 있고, 항상 변화되는 상황에 맞추어 학습하다 보니 계획을 따로 세우지 않는다는 것이었다. 특히나 공부 계획에 너무나 숙달된 학생들이다 보니 어림짐작만으로도 충분히 학습 계획이 진행되는 것으로 보였다(내 머릿속 플래너).

내 머릿속 플래너

그리고 학습할 때 노트북이나 핸드폰의 활용도가 높아지면서 수기식 플래너를 쓰기보다는 앱이나 웹 도구들을 이용하는 경우가 절반 정도였다(49%). 서울대 학생들에게 추천할 만한 앱이나 웹 도구를 물었더니 그중에서 중복 추천이 가장 많은 것은 열품타 앱과 아이패드 굿노트였다.

열품타 앱   아이패드 굿노트

열품타[1] 앱의 가장 큰 장점은 스터디 플랜 기능도 있지만 지속적으로 계획 진행에 대한 알람이나 계획 수정 등이 용이하고 무엇보다 경쟁 기능을 이용한 공부 의욕 자극에 있었다. 서울대생들의 특징 중 하나는 공부할 때 경쟁의식이 높다는 점이다. 성격이 온순하고 배려를 잘하는 학생들도 공부할 때만큼은 경쟁의식이 매우 강했다. 서울대생 상당수가 추천한 열품타 앱은 이런 경쟁심을 자극하도록 어필한 것이 학생들에게 인기를 얻는데 주효했다.

아이폰과 매킨토시 이용자들 다수는 아이패드 굿노트[2]를 이용한 플래너를 많이 사용하고 있었다. 굿노트가 일반 플래너와 다른 강점은 다양한 템플릿들이 있어 이용자의 자유도가 높고, 스스로 편집할 수 있는 자신만의 맞춤 플래너를 제작하기 쉽다는 것이다. 유튜버 소람[3]의 이용 방법이나 템플릿을 사용한다는 복수 대답 등을 종합하면 적극적으로 자신에게 맞는 구성을 만들려는 욕구가 강하여 다양한 시도를 하는 것으로 보인다.

노타빌리티도 굿노트만큼은 아니었지만 차순위로 이용자들이 많았다. 이 또한 '계획 수정 용이성' 면에서 서울대생들에게 매력적인 요소였던 것으로 짐작된다.

---

1   모바일 버전 스톱워치, 스터디 플래너의 '열품타'는 그룹 내 사람들의 공부 현황을 살펴볼 수 있는 앱이다. 원하는 사람들과 새로운 그룹을 꾸릴 수 있고, 같은 그룹에서 공부하는 시간을 비교해 보면서 자극을 받을 수 있도록 랭킹도 설정된다.
2   문서 작성과 불러오기, 편집을 할 수 있으며, 키보드로 텍스트를 입력하거나, 마우스/트랙패드 또는 Sidecar로 연결한 아이패드에서 Apple Pencil로 글을 쓰고 그림을 그려 넣을 수 있다. PDF와 이미지에 필기나 주석을 첨가하기 좋다.
3   아이패드로 필기하는 방법과 굿노트 활용하는 법 등의 영상을 업로드하는 유튜버.

∽ 수기식 플래너의 장점 ∽

기존의 수기식 플래너 이용자들 또한 적지 않았다. 이들 역시 시간 관리의 대명사인 프랭클린 다이어리 등을 탈피하여 모트모트(MOTEMOTE) 플래너와 윈키아(WINKIA) 플래너 등을 추천했다. 이 플래너들의 특성을 보면 이용자의 자유도가 높다는 점을 알 수 있다. 즉 수기로 작성할 뿐 대다수 플래너 앱들이 가지고 있는 기능들이 종이로 구현된다는 점이 눈에 띄었다. 세밀하게 계획을 세울 수 있고 즉각 계획을 실행했을 때 표시할 수 있는 구성이 성취 욕구를 더욱 쉽게 자극하는 다이어리의 특성이었다.

모트모트 플래너

윈키아 플래너

기타의 수기식 플래너 이용자들은 아날로그 감성이나 종이 질감, 필기 방식에 대한 향수감으로 수기식을 고집하는 경우가 많았다. 용이성 면에서는 조금 떨어질 수는 있지만 자신의 취향을 반영하여 쉽게 꾸밀 수 있고, 애착 아이템으로서 선호하는 감성적인 면들도 여전히 좋아한다고 볼 수 있다. 따라서 좋아하는 브랜드 즉 스타벅스 다이어리나 서울대 다이어리 등은 이런 경향을 가진 서울대생들이 많이 선택했다. 특히 서울대 다이어리는 그 자체로 성취 의욕과 목표 달성 의지를 북돋우는 아이템이었다.

서울대 다이어리

공부에 집중하기 위해서 핸드폰 사용을 자제하고 있는 학생들은 목표 대학의 다이어리를 구입하여 작성해 보는 것이 좋다. 취업이나 자격증 준비를 하는 경우에는 해당 기업이나 협회에서 매년 만드는 다이어리와 수첩을 구입하여 작성해보면 큰 성취감을 얻을 수도 있다. 최근 당근마켓 등의 중고 장터에서 이런 다이어리를 쉽게 구할 수 있다.

∽ 자작 플래너 ∽

서울대생을 대상으로 한 설문조사에서 웹 도구(구글 플래너)만큼이나 많이 나온 방식은 자작 플래너였다. 자신이 작성한 탬플릿을 A4로 출력하여 사용하거나 3p 바인더와 유사하게 A5로 출력하여 자신만의 다이어리를 만드는 방식이다. 이것은 자신에게 딱 맞는 계획을 세울 수 있다는 점에서 자유도가 가장 높다. 기존 상품을 사용하다 보면 아쉽거나 필요 없는 부분들이 있어서 오직 자신만의 방식으로 플래너를 만들어 사용하려는 것이 서울대생들의 공통점이었다.

자신에게 맞는 계획이 무엇인지를 알 수 있는 능력 자체가 이미 메타인지가 높다는 방증이다. 서울대생들은 플래너 하나에도 기성품에 자신을 맞추지 않고 직접 만들어 내는 능력이 있었다. 이 능력을 공부를 잘하는 그들은 갖추었고, 대부분은 이를 통해 본인들의 계획을 성취하고 있었다.

자신의 방식이 기존 플래너와 거의 같다면 적합한 도구들을 잘 골라서 사용하면 편리할 것이다. 하지만 자신만의 방식과 20% 이상 다르다면 과감하게 자신만의 플래너를 직접 만들 것을 강권한다. 다양한 앱들이 제공하는 성취 제공 도구들 또한 볼펜 체크나 스티커 붙이기, 포스트잇 떼기 등으로 충분히 구현할 수 있다.

여기서 잠깐만!

필자가 추천하는 플래너 방식

❶ 우선 어떠한 것이라도 좋으니 성취했었던 계획을 어떻게 세웠는지 떠올려본다.

❷ 서점에 가서 기존 다이어리를 둘러봐도 좋고 다양한 플래너 앱을 다운받아서 자신의 계획에 필요했던 부분만을 모은다.

❸ 직접 손으로 작성해도 좋고, 만들기 어렵다면 무료 사용이 가능한 '미리캔버스'나 '포토 스케이프' 프로그램 등을 이용하여 플래너 양식을 만든다.

❹ 자신이 휴대하기 편한 사이즈로 출력하여 일주일 정도 사용해본다. A5 사이즈로 출력하여 고쿠요 A5 바인더를 이용하면 휴대하기가 매우 편리하다.

❺ 수정사항을 반영하여 작성한 플래너를 이용하여 공부 계획을 세운다.

이번 장에서는 주로 플래너를 이용한 공부 계획 세우기를 중심으로 이야기했다. 사실 공부 계획을 어떤 도구를 이용하여 세우냐보다는 공부 계획 자체가 나와 맞느냐가 더욱 중요하다. 이것은 뒷장에서 여러 학습과 관련된 중요한 요소들에서 답을 얻을 수 있다.

결국 도구를 이용한다는 것은 나를 객관화하여 판단하는 메타 인지의 보조 도구를 갖추는 것이다. 나의 계획은 생각보다 허술하고, 나의 의지는 생각보다 약하고, 나의 능력은 생각보다 낮다. 이것이 도구를 사용하는 인간 욕구의 기본적인 바탕이다. 나 스스로 메타 인지 도구를 이용하여 그 프레임에서 벗어나는 순간 평균 이상의 능력을 가진 사람이 될 수 있다.

무계획 혹은 도구를 이용하지 않았다면 흔하다고 방치해 두었던 각종 다이어리를 꺼내 기록해보자. 서울대생들이 이용하는 앱을 깔고 살펴보는 것만으로도 공부에 자신감이 생기는 터닝 포인트가 될지도 모른다.

∞ 다이어리에 어떻게 계획을 짤 것인가 ∞

머릿속으로 큰 그림(big picture)을 그리면서 우선 한 달 공부 목표를 세운다. 예를 들면, '이번 달에는 영어독해 책 한 권을 끝내자' 같은 목표다. 계획은 대체로 일과 시작 직전에 짜는 것을 추천한다. 왜냐면 공부 시간이 가변적일 때 대응하기가 쉽기 때문이다. 이렇게 일단 한 달간 공부하다 보면 시행착오를 통해 내가 하루에 공부할 수 있는 분량과 각각에 소요된 시간을 정확히 기록할 수 있다.

하루에 공부해야 할 모든 과목은 과목당 30분에서 1시간 간격으로 계획한다. 이때 시간뿐만 아니라 본인의 집중력을 고려해서 계획에 반영하는 것이 좋다. 하루에 공부해야 할 목표는 10개 이하 정도가 적당하며 각각의 계획은 구체적이어야 한다.

주간 공부 계획
❶ EBS 영어 듣기 7문제 풀기
❷ 영어독해 3문제 풀기

❸ 고사성어 5개 암기

❹ 독서 평설 1단락 읽기

❺ 비문학 지문 1개 분석

❻ 문학 지문 1개 분석

❼ 오늘 배운 내용 복습(한번 훑어보기)

❽ 수학 소단원 1개 풀기

❾ 공통사회 소단원 1개 풀기

❿ 공통과학 소단원 1개 풀기

　이렇게 세세하게 구분된 오늘의 공부 계획을 얼마나 달성했는지 매일 잠들기 전에 점수를 부여한다. 목표 달성의 기준은 매달 평균 90점 이상으로 잡는 것이 좋다. 이러한 점수에 근거하여 스스로 마일리지를 부여하고 포상한다면 자기효능감이 높아지고 공부 효과는 더욱 배가 될 것이다.

　주말에는 모의고사를 실제 시간에 맞추어 풀고, 오답을 정리하고, 주중에 실행하지 못한 계획을 보충한다. 주중에 공부한 내용을 가볍게 살펴보는 것은 헤르만 에빙하우스(Hermann Ebbinghaus)의 망각곡선 주기를 이용한 기억 살리기에 아주 좋은 방법이기도 하다. 주말에 스트레스를 받지 않고 알차게 시간을 보내려면 별도의 계획을 잡지 않는 것이 좋다.

공부 의욕을 높이고
유지하는 방법

누구나 행복하게 살기를 바란다. 행복이란 무엇일까? 행복을 신경과학적으로 접근하면 도파민과 엔도르핀 등의 호르몬 분비가 중요하다. 도파민은 쾌락적 요소를 충족할 때, 엔도르핀, 모르핀 등은 즐거움이 느껴질 때 분비된다. 공부하는 것이 행복하다면 얼마나 좋을까? 공부와 행복은 잘 안 맞는 조합으로 보이지만 공부 의욕에 초점을 맞춰 보면 성취는 쾌락을 느끼게 하고, 이러한 과정을 즐기면 공부하면서 행복을 느낄 것이다.

지금 도전하고 있는 각종 시험의 결과물은 달콤하지만 아직은 준비하고 있는 단계이고 합격은 불확실하기에 즉각적인 쾌락을 얻기는 힘들다. 그런 이유로 준비하고 도전하는 과정에서 작은 성취를 계속 느낄 수 있는 구조를 만들어야 공부할 의욕이 솟구친다. 작은 성취는 자신의 능력에 대한 메타 인지로 능력의 한계치보다 약간 적은 양을 목표로 정하고 쉽게 꾸준히 달성할 수 있으면 충분하다. 그렇다면 공부하는 과정에서의 즐거움은 어떻게 해야 느낄 수 있을까?

서울대생들은 태생적으로 공부하는 게 즐거운 변태적(?) 인간일까? 절대 아니다. 공부하는 과정에서 즐거움을 느끼는 요소를 잘 설계할 뿐이다.

∽ 질투심이 강력한 의욕 부스터가 될 수 있다 ∽

우리 주변에는 경쟁하는 것을 즐기지 않는다고 말하는 사람들이 있다. 대화를 나누다 보면 강렬한 투쟁심이 있고 남에게 지기 싫어하는 마음을 읽을 수 있다. 게임을 하거나 운전할 때 남과 겨루어 이기거나 앞서려는 마음이 드러난다.

우리가 행복을 느끼는 요소에는 절대적 기준보다는 상대적 기준이 중요한 지표이다. 다른 사람보다 상대적으로 우월감을 가질 때 행복을 느끼는 경우가 많다. 이처럼 강력한 즐거움은 남보다 우월하다는 인식에서 비롯된다. 만약 우월감을 느끼지 못하는 상황이라면 즐거움을 느낄 수 있는 방법은 없을까? 이럴 때는 남보다 우월하지 못해서 생기는 '질투심'이 매우 강력한 의욕 부스터가 될 수 있다.

서울대생들의 특징 중 하나는 자존감이 높은 반면에 질투심도 강하다는 것이다. 왜냐면 대한민국의 각 분야에서 이미 성공했거나 엄청난 성취를 이루고 있는 인물 중에 서울대생들이 포진하고 있는 것은 부정할 수 없는 사실이기 때문이다. 나도 같은 서울대생인데 왜 저들만큼 목표를 성취하지 못하고 이러고 있는가에 대한 생각이 매우 강하게 질투심을 유발하여 고도의 집중력을 끌어올린다. 만약 스스로 달성할 수 없는 목표라면 처음부터 아무런 동기도 생기지 않았을 것이다. 서울대생들은 자기 능력에 대한 확신이 높게 설정되어 있기에 무엇이든 도전하고픈 강력한 동기를 스스로 부여한다.

비근한 예로 성공한 유튜버나 인플루언서를 꿈꾸는 이들이 많은 이유도 사실 나와 별반 다르지 않은 그들의 성공에 질투심이 나기 때문이다. 그래서 수많은 사람이 콘텐츠를 기획하여 영상을 만들고 단기간에 10만 구독자를 꿈꾸는 유튜버에 야심차게 도전하는 것이다.

∽ 자극받을 수 있는 환경을 설계한다 ∽

한국 사회는 구조적으로 어릴 적부터 경쟁하고 평가받는 데 익숙하다. 외모, 공부, 재산, 지위 등 모든 것이 서열화를 이루고 있지만 그것을 드러내는 것은 속물로 보이기에 의도적으로 경쟁심을 숨기는 경우가 많다. 마치 돈 욕심이 많은 사람일수록 자신의 금전적 욕심을 숨기는 것처럼 말이다. 그러나 자신의 발전을 위해 공부할 때는 경쟁심을 충분히 드러내도 상관없다.

서울대생들이 어떻게 공부 의욕을 높이고 유지하는지 알아보자.

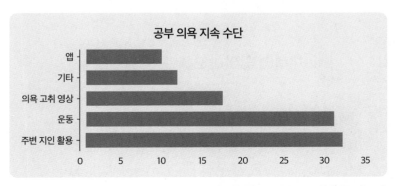

공부 의욕 지속 수단

(2021년 서울대학교 커뮤니티 Snulife 재학생 설문조사 100명)

설문조사 결과 '질투의 힘'은 역시나 강력하였다. 32%의 서울대생들이 동기, 선후배, 스터디 동료들이 먼저 합격했거나 성공한 경우에 자극을 받아 공부 의욕을 강하게 느꼈다고 대답했다. 이처럼 주변에 자극 요소가 있는 것은 매우 중요하다.

주변에 자기개발을 하는 친구나 동료가 없는 경우에는 적극적으로 스터디 그룹 등을 구성하는 것도 좋은 방법이다. 단, 반드시 조건이 있다. 나와 유사한 능력이나 환경을 가진 그룹이어야 한다는 점이다. 그런 면에서 같은 학교나 회사 동료들과의 스터디 그룹은 자극을 받고 동기 유발이 되는 장점이 있다. 나와 다른 능력이나 환경을 가진 사람들과 같이 공부를 하면 폭넓은 인간관계를 맺을 수는 있을지 몰라도, 공부 의욕이 꺾이거나 실패할 때 변명거리를 만들기 쉽다. "그들은 나와 달리 공부하기 좋은 환경이잖아." "나보다 좋은 대학이잖아" 등의 변명거리 말이다.

∽ 체력이 좋아야 의지도 강해진다 ∽

주변에 좋은 자극을 받을 수 있는 스터디 그룹을 만들 수도 없고 경쟁심도 없어서 공부 의욕을 올릴 수 없다면?

설문조사에서 흥미로운 결과가 나왔다. 서울대생의 공부 의욕 지속 수단 중 무려 31%가 운동이라고 대답했다. 지금 의욕이 없고 슬럼프인 이유가 체력일 수도 있다. 이 얘기는 수험 체력을 기르는 장에서 자세히 설명하겠지만, 체력이 아주 강한 의욕 부스터라는 점을 기억해야 한다. 서울대생들은 이 점을 아주 잘 알고 있었다. 서울대생끼리 주고받는 농담이 있다. "고3처럼 다시 공부하면 어떤 고시나 시험도 다 합격할 수 있을 거야." 그만큼 긴 수험 기간 동안 노력을 기울여 합격한 그들은 한목소리로 운동의 중요성을 강조하였다.

운동은 체력을 증진할 뿐만 아니라 의지력도 강화한다. 근육이 강화되면 의지도 강해진다. "건강한 몸에 건강한 정신이 깃든다."는 단지 구호가 아니라 아주 강력한 성공 명언과 같다.

∽ 유튜브와 앱을 적극 활용한다 ∽

요즘 젊은이들은 미디어 세대인 만큼 공부에 자극을 받는 대상을 주변에서만 찾지 않고 더 넓게 찾는 경향을 보였다. 유튜브 등에서 의욕을 자극받을 수 있는 다양한 영상들을 일부러 찾아서 보았다. 자극을 주는 영상들은 제각각이었지만, 다수가 추천한 채널은 역시나 구독자 수가 많은 대형 채널 위주였다. 수험생 시절에 진학을 목표로 삼은 대학의 특성 때문인지 스튜디오 샤, 연고티비의 구독자가 많았다. 인강에서 강사들의 동기부여 영상만을 따로 모아서 본다는 대답도 꽤 많은 비율을 차지했다.

체인지그라운드   스튜디오 샤   연고티비

공부 의욕을 돕는 앱의 경우는 목표 설정과 관련된 앱과 중복되는 추천 앱이 많았다. 그중에서도 서울대생이 가장 많이 사용하는 앱은 포레

스트[1]였다. 집중 시간을 체크하는 앱은 많이 있었지만 포레스트가 유독 서울대생들의 마음을 사로잡은 이유는 바로 성취욕을 자극했기 때문이다. 꽃나무를 피우려는 작은 목표와 성취감이 승부욕을 자극하는데 매우 효과적이었다고 한다.

포레스트 앱

기타 의견들도 흥미롭고 개성적인 방법이 많았다.

❶ 클래식한 방법으로, 공부한 부분은 찢어서 버린다(먹지는 않는다).

❷ 휴대폰으로 자신의 공부 모습을 찍어서 자기 감시체계를 만든다.

❸ 스터디 그룹과 같이 줌으로 연결하여 멤버들이 공부하는 모습을 보면서 자극을 받는다(요즘과 같은 언택트 시대에 아주 잘 적응하고 있었다).

❹ 유튜브에서 공부로그를 같이 진행한다.

❺ 공스타그램 등을 활용한다(SNS가 집중력을 방해하는 것이 아니라 의욕 부여 수단으로써 적극적으로 활용하는 모습이 돋보였다).

---

1 집중할 시간을 설정해두고, 나무를 심고 그동안 폰을 보지 않고 할 일을 하면 나무가 나만의 숲에 심어진다. 만약 그 시간 안에 폰을 본다면 심은 나무들이 시들어버린다.

∞ 스스로 삶을 통제하고 있다는 느낌을 계속 유지한다 ∞

영국 카디프대학교 교수 딘 버넷은 《행복할 때 뇌 속에서 일어나는 모든 것》에서 가장 강력한 동기부여 수단인 인센티브 설계에서 금전적인 보상이 효과적일 거라고 생각하기 쉽지만 연구해보니 그렇지 않았다고 했다. 외적 요인인 돈도 중요하지만 내적 동기가 일에 대한 행복감을 더욱 늘려준다. 이 내적 동기를 유발하는 요인 중 가장 중요한 점은 '통제 위치'인데, 내가 통제할 수 있는 일이냐가 행복을 결정하는데 중요하다.

서울대생들이 주로 의욕을 유지하는 방법을 자세히 살펴보면, 자기 스스로 삶을 통제하고 있다는 느낌을 계속 유지한다는 공통점이 있었다. 질투심을 이용하는 방법에서도 가장 중요한 포인트는 질투심을 유발하는 대상을 찾는 것이 아니라, 자신이 그 질투하는 대상을 뛰어넘거나 적어도 같아질 수 있다는 자기 삶에 대한 확신감이었다.

서울대생들은 사회에서 엘리트로 대우받는 사실을 잘 알고 있기에, 어떠한 목표 대상이든 자신의 의욕을 부여하는 대상으로 쉽게 받아들이고 스스로 삶을 통제하면서 노력하는 모습이 보였다. 또한 정신적인 통제력을 강화하기 위해 운동하면서 육체를 단련하며 더욱 자신감을 얻었다. 그 효용감과 체력을 바탕으로 더욱 공부에 매진하는 모습을 보였다. 또한 앱이나 미디어를 활용할 때도 수동적이지 않고 스스로 어떻게 설계하고 효용감을 느낄 건지 치열하게 고민했다.

《해빗》의 저자 웬디 우드는 "우리의 의지는 무의식에 영향을 많이 받기 때문에 외부의 환경 신호 영향을 많이 받는다."라고 했다. 무엇보다 의지를 높일 수 있는 환경을 만드는 것이 중요하다. 필자 또한 고시 공부를 단기간에 끝낸 사람들을 관찰하면서 그들이 공부에만 전념하기 위해 일상을 단순화하는 것을 보았다. 수행승처럼 의욕에 영향을 미칠 만한 외부자극 요소를 최소화하고 공부를 지속할 수 있는 환경을 잘 설계했다. 이 점에 대해서 힌트를 얻고 싶다면 합격 수기 등을 모아서 읽어보는 것이 큰 도움이 된다.

공부 의욕을 높이려면 지금 당장 어질러진 책상이나 공부에 방해가 되는 요소들을 정리해보자. 또는 쉽게 할 수 있는 운동부터 해보자. 꿈을 이룰 수 있는 강력한 의욕 부스터로서의 토대를 만들어 줄 것이다.

암기력을
강화하는 도구들

서점에는 암기력을 강화하는 방법을 알려주는 책들이 무수히 많다. 필자는 여기에 또 한 가지 방법을 추가하고 싶은 마음이 추호도 없다. 단지 암기력을 강화하는 방법을 잘 활용할 수 있는 도구들에 관해 살펴 보고자 한다.

이견이 있겠지만, 개인적인 경험으로는 수학은 어느 정도 암기과목 이라고 생각한다. 천재적인 수학 감각이 있는 사람이 아닌 이상 수학 시험에서는 사실 좋은 문제집을 반복해서 푸는 것만큼 좋은 방법은 없 다고 아직도 확신한다. 창의력도 처음에는 암기에서 시작된다. 필자는 많은 문제집을 풀기보다는 좋은 문제집, 예를 들어 정석이나 기출문제 들을 계속 반복해서 풀었다. 문제를 푸는 과정에서 자연스럽게 암기가 되었다.

여기서 의문을 가질 수도 있다. '그렇게 하면 응용문제도 풀 수 있을까?' 계속 반복하여 문제를 풀다 보면 어느 순간 문제의 문리(文理)가 트이는 순간이 있다. 그럴 때 다른 문제집을 풀게 되면 순식간에 풀 수 있으며 어느 문제가 수험 유형에 맞는 문제인지도 감별하는 선구안까지 갖게 된다. 필자가 얘기하고 싶은 핵심은 반복만큼 암기력을 상승시키는데 확실한 방법은 없다는 것이다.

∽ 반복의 강력한 힘 ∽

필자는 정석이나 기출문제집을 다 풀고 새 문제집을 살 형편이 안 되어서 다시 반복해서 풀어야 했다. 연필로 적고 지우개로 깨끗이 지운다고 해도 표시가 남았다. 문제 풀이 과정을 문제집에 적는 것이 더욱 효율적인데 연습장에 풀게 되면 아무래도 집중도가 떨어졌다. 필자는 문제를 반복해서 풀 때 이용한 도구가 있었다. 그것은 바로 기름종이였다. 문방구에서 아주 저렴한 가격에 기름종이를 구해서 그 위에 문제를 풀었다. 덕분에 새 문제집을 살 돈도 아끼고 매번 새로운 기분으로 문제를 풀 수 있었다. 이 책을 쓰면서 공무원 시험을 준비하는 수험생을 대상으로 하는 스마트 스토어들을 둘러보았는데, 요즘은 기름종이와 비슷한 트레이싱지를 판매하고 있었다.

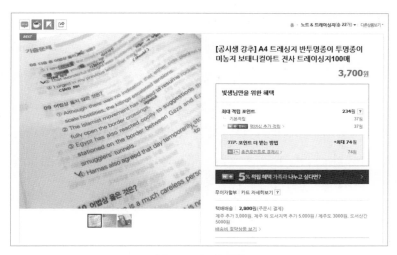

트레이싱지 투명 종이로 반복 학습

서울대생들이 암기력을 높이기 위해 사용하는 도구는 무엇일까? 이 것을 알아보기 전에 우선 기억력에 대해서 좀 더 이해하게 된다면 자신에게 더욱더 적합한 도구를 선별할 수 있을 것이다.

'기억력이 좋다'는 것은 우리 뇌가 단기기억에서 장기기억으로 공고화(consolidation)를 하고 인출할 때 효율적이라는 것이다. 반대로 기억력이 나쁘다는 것은 이 공고화 과정이 좋지 않거나 인출을 잘 못한다는 것이다. 우리는 어떨 때 공고화를 잘하게 될까? 그 답은 충분한 수면과 영양 보충에 있다. 이 점에 관해서는 다른 장에서 상세히 서술하겠다.

그렇다면 인출을 어떻게 하면 효과적으로 할 수 있을까? 우리가 뇌에서 장기기억을 꺼내야 할 상황 즉 실제 시험과 같은 조건을 만들어 주는 것이 효과적이다. 가장 좋은 방법은 시험을 보는 것이다. 그중에서도 기출문제를 푸는 시험이 가장 좋다. 시험의 역사가 길든 짧든 무조건 먼저 기출문제를 풀어보아야 한다. 기출문제를 반복해서 풀면 외우게 되어 효율이 떨어진다고 생각할 수도 있다. 절대로 그렇지 않다. 문제를 다시 꼼꼼하게 읽으면서 풀더라도 또 틀리는 것이 있다. 재차 강조하지만 기억을 잘하는 방법은 반복만큼 강력한 것이 없다. 뇌는 생존에 필요한 것이 반복되면 기억하고 인출이 쉽도록 진화해왔기 때문에 그 속성을 가장 효율적으로 이용하는 것이 최선이다.

∞ 메모리 카드를 사용한다 ∞

서울대생들은 과연 어떤 도구를 이용하여 암기력을 보조하고 있을까?

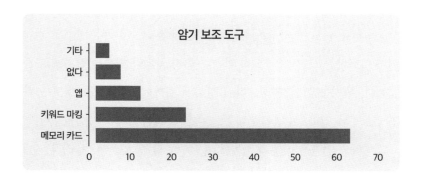

미리 결론을 말하자면, 새롭고 놀라운 방법과 도구는 없었다. 앞에서

반복을 강조한 이유다.

　서울대생들은 메모리 카드형이 압도적으로 많았다. 즉 작은 암기 수첩 또는 휴대가 편한 자신만의 정리 노트, 링카드, 포스트잇, 작은 메모, 인덱스카드 등 자신이 반복적으로 공부하다가 기억이 나지 않는 부분을 스스로 정리하여 자주 노출시키는 방법으로 암기력을 향상시켰다.

　암기에 도움이 되는 앱을 사용하기도 했는데, 결국 메모리 카드의 기능을 앱상에서 구현하는 수단에 지나지 않았다. 다수가 추천한 앱으로는 Quizlet, 암기고래, AnkiDroid 암기카드가 있었다.

| Quizlet | 암기고래 | AnkiDroid 암기카드 |

　퀴즈렛(Quizlet)은 암기 노트를 만들기 쉽고 기존에 만든 암기 노트를 이용할 수 있다는 점에서 다수가 추천했다. 음성 자극을 선호하는 학생들은 암기고래, 자연스럽게 에빙하우스의 망각곡선에 따른 반복 학습을 원하는 학생들에게는 AnkiDroid 암기카드가 지지를 받았다.

　새롭고 놀랍게 기억력을 증폭시켜 주는 도구가 없다는 점에서 실망하는 독자들도 있을 것이다. 하지만 그만큼 반복이 중요하다는 반증이고, 중요한 것은 자신의 감각 스타일에 따라서 반복 자극을 무엇으로 줄 것인가가 중요하다고 본다.

∽ 나에게 맞는 오감 파악하기 ∽

먼저 자신이 어떠한 감각 유형인지를 파악하는 것이 중요하다. 인간이 감각을 받아들이는 통로는 오감 즉 시각, 청각, 촉각, 미각, 후각이다.

❶ 시각을 이용하는 방법

오감 중에서 가장 중요한 것은 시각이다. 대부분의 공부 정보는 시각을 통해 습득한다. 그래서 시각적으로 잘 받아들이도록 '자신의 손으로 정리한, 자신이 인지가 잘 되는 색을 바탕으로 한, 눈에 잘 들어오는 크기'의 노트를 반복하여 볼 수 있는 상황을 만드는 것이 중요하다. 잘 안 외워지는 것 중 하나를 포스트잇의 다양한 색깔로 적어서 책상 위에 붙여놓고 비교해 보면 금방 알 수 있다. 분명 자신에게 잘 각인되는 색깔이 느껴질 것이다. 참고로, 보통은 노란색이다. 형광펜도 주로 노란색 계열이 시각적으로 잘 받아들여진다.

❷ 청각을 이용하는 방법

청각은 필자가 추천하는 방식이고 서울대생들의 기타 답변에도 있었다. 청각을 어떻게 이용할까? 자신의 목소리로 암기할 내용을 녹음하여 반복적으로 듣는 것이다. 사실 세상에서 가장 소중하고 좋아하는 사람은 바로 자신이다. 자신의 목소리만큼 가장 각인이 잘 되는 소리는 없다. 그다음으로 주변에 사랑하는 가족이나 연인이 도와줄 수 있다면 녹음을 부탁해보자. 그 음성을 듣는 것만으로 기분 좋은 감정 상태로 전환이 되어 좀 더 쉽게 기억이 될 것이다.

최근에 글을 읽어주는 프로그램들이 많이 나와 있는데, 추천하지는 않는다. 다만 암기할 양이 너무 많거나 부탁할 사람이 없다면 한 번쯤은 사용해 볼만 하지만 각인효과 면에서는 확실히 떨어지는 것이 사실이다. 백색 소음과 유사한 방식으로 수험장에서 나는 소음을 틀어 놓고 공부하는 것도 집중력과 기억 전략에서 둘 다 효과적일 것으로 보인다. 유튜브에 수많은 영상이 있다.

❸ 촉각을 이용하는 방법

촉각은 확실한 근거가 있는 것은 아닌 듯하나 고대 일본의 닌자들이 활용하던 방법이라고 한다. 닌자들은 몰래 숨어서 엿보거나 중요한 이야기를 들어야 하는데 그 상황을 더욱 정확하게 기억하기 위해서 자기 스스로 몸을 자해하여 통증과 기억을 연관시켜 사진 기억으로 암기를 했다고 한다. 우리는 기억하기 위해 몸을 자해할 수는 없는 노릇이니 자신이 촉각에 민감하다고 판단이 들면 기분 좋은 자극을 암기할 때 반복하는 것이 좋다. 단, 그 감각이 수험 환경에서도 재현이 가능해야 한다는 점을 반드시 기억해야 한다. 가령 고양이를 쓰다듬는 것이 좋다고 해서 수험장에 고양이를 데리고 갈 수는 없지 않는가? 필자가 추천하는 방식은 암기를 시작하기 전에 자신이 좋아하는 필기구의 감촉을 느끼거나 부드러운 털 슬리퍼의 발바닥 감각을 느껴가면서 암기하는 것이다. 이 방법은 자신에게 맞게 얼마든지 응용할 수 있다. 단, 반드시 재현 가능해야 하고, 암기 상황이 아닌 다른 상황에서 이러한 촉각 자극은 없어야 한다.

❹ 미각을 이용하는 방법

사실 이 방법은 재현성 문제에서 수험에 적합하지는 않다.

❺ 후각을 이용하는 방법

가끔 후각적 기억이 강렬할 때가 있다. 낯선 여성에게서 옛 여자친구가 쓰던 향수 냄새를 맡게 되면 문득 황홀했던 연애 시절이 떠오르기도 한다. 자신이 후각적 심상이 강한 편이라면 이러한 자극을 이용하는 것도 괜찮은 방법이다. 수험장에 아로마 목걸이를 휴대할 수 있다면 평소에 자신이 좋아하면서도 개성적인 향을 찾아보기를 바란다. 암기 환경에서 그 향을 맡으면 기억력에 도움이 될 것이다.

서울대생들의 답변 중에 키워드 마킹형도 다수 있었다. 즉 참고서나 노트의 중요한 부분에 빨간색이나 녹색 형광펜을 긋고 셀로판지를 대면 안 보이는 제품군을 사용하거나, 아예 화이트나 매직으로 키워드 부분을 지워버리는 방식으로 암기력을 강화했다.

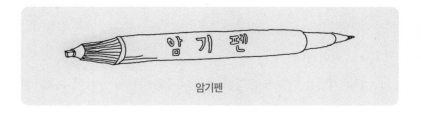

암기펜

서울대생을 설문조사한 결과 암기할 때 특별한 도구가 필요 없다는 약간은 오만한(?) 답변도 소수 있었다.

여기서 잠깐만!

필자가 추천하는 방법은 장기기억으로 전환하는 EMDR 기법이다. 대부분 이 용어가 낯설 것이다. 필자는 PTSD(심적 외상후 스트레스 장애)를 겪으면서 심한 공황장애로 삶의 벼랑 끝까지 내몰린 적이 있었다. 그때 모든 심리치료를 받았는데 EMDR 기법을 경험하면서 기억 전략의 매우 흥미로운 점을 발견했다. EMDR 치료는 트라우마를 일으켰던 충격적 사건을 조심스럽게 떠올리면서 불빛 자극 기계를 통해 안구 운동을 좌우로 하는 것이다. 눈동자를 왼쪽에서 오른쪽으로 굴리면서 고통스러운 과거의 기억을 처리하게 되면 점점 사건을 떠올리는 것이 고통스럽지 않게 된다.

보통 우리는 글을 읽을 때 왼쪽에서 오른쪽으로 읽는다. 왼쪽은 과거의 기억으로 처리되고 오른쪽은 새로운 기억으로 처리된다. 그렇다면 암기 노트를 작성할 때 이 전략을 활용하면 어떨까? 즉 왼쪽에는 외운 것들을 적고 오른쪽에는 외워야 할 것을 적는다. 그다음 장 왼쪽에는 조금 전에 오른쪽에 적었던 내용을 다시 적고 다시 오른쪽에는 새로운 내용을 적는 것이다. 즉 A-B / B-C / C-D 구성으로 암기 노트를 작성하는 것이다. 단, 노트는 눈동자가 좌우로 이동할 만큼 시야 폭이 넓은 노트를 추천한다. 필자는 이 단순한 전략이 암기 능력을 상당히 향상시킬 수 있다고 확신한다.

EMDR 기법은 단순히 시각의 좌우 자극뿐 아니라 청각이나 촉각에도 같은 효과를 낸다는 연구 결과가 있다. 그러나 이것을 자극할 만한 도구가 마땅치 않기 때문에 우선 암기 노트의 약간의 변형으로 한번 시도해 볼 것을 권한다.

∽ 사회·역사 공부할 때의 암기법 ∽

사회·역사를 공부할 때는 꼬리에 꼬리를 무는 마인드맵 방식이 아주 탁월하다. 공부한 내용을 연대기로 정리하고 각각의 사건 사이에 어떠한 연관성이 있는지 이해하면서 하나의 스토리라인(story line)을 완성한다.

- 그래서 왜 그랬는데?
- 그래서 어떤 영향을 미쳤는데?

스스로 설명한다고 생각하고 연상되는 대로 백지에 마인드맵을 작성한다. 최근에는 이러한 스토리라인을 이용하여 강의를 잘하는 강사들이 많아지긴 했지만, 본인 스스로 생각하고 스토리라인을 구축해야 강하게 기억에 남는다.

필자는 학생을 과외할 때 항상 스토리라인을 스스로 만들어 3분 스피치를 할 수 있는 기회를 주었다. 학생의 이야기를 들으면서 "그래서 왜? 어떻게?" 등의 질문을 계속하여 대답을 유도했다. 스토리텔링(storytelling) 연상으로 한 편의 대하 드라마가 머릿속에 정리될 수 있도록 도왔다. 그 결과 학생의 성적은 전교 130등에서 전교 2등으로 수직 상승했다.

나의 최적의
공부 장소는 어디일까?

우리는 같은 공간, 같은 환경에 있다고 해서 모두 똑같이 공부 효율을
내지는 않는다. 필자는 학창 시절에 독립된 장소에서 공부하기 힘든 환
경이었다. 집에는 혼자 쓰는 방이 없었고, 독서실은 대부분 천편일률적
인 구조였다. 공부 장소가 마땅치 않아서 공부가 안 된다는 변명이 통하
지도 않았다.

최근에 유행하는 스터디 카페는 사람마다 공부에 최적화된 공간은
다르다는 점을 배려하여 칸막이가 있는 폐쇄된 공간, 카페식으로 노출
된 공간을 만든다. 다양한 공간 구성은 매우 좋은 현상이다.

나의 최적의 공부 장소는 어디일까? 자신이 공부하기 편한 장소가 한
두 곳은 있겠지만 그곳이 공부 효율에 최적의 장소인지를 살펴볼 필요
가 있다.

필자는 오래전부터 8체질을 연구하면서 서울대 출신 지인들을 분석한 결과, 자신의 체질과 맞는 공부 장소를 기가 막히게 찾아서 공부했다는 점을 확인할 수 있었다. 그러나 독자들이 자신의 8체질을 감별하는 것은 쉽지 않은 일이다. 주변에 사상체질 및 8체질 전문 한의원을 내원하여 한 번쯤 체질 감별을 해보는 것을 권한다. 필자의 경우에는 태극침법을 이용하여 사상체질을 감별하고 체질 약 투여를 통해 8체질을 확증한다.

∽ 체질에 맞는 공부 장소는 따로 있다 ∽

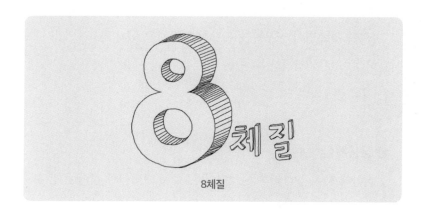

8체질

❶ 토양체질(소양인)

가장 외향적이고 에너지를 발산하는 성격이다. 대화를 주도하는 편이어서 스터디 조장에 어울린다. 따라서 정적인 공간보다는 스터디 학습이 가능한 공간에서 조원들과 서로 티칭하면서 공부하는 스터디 룸이 최적의 학습 공간이다. 또한 공부하면서도 외부로 이동하기 쉬운 공간이 적합하기에 업무를 할 때도 최근에 유행하는 공유형 오피스가 가장 효율이 높은 공간이다.

❷ 금양체질(태양인)

수양 체질이고 내면적으로 파고드는 성격이다. 스스로 조용히 생각하고 정리할 수 있는 공간이 필요하다. 그렇다고 칸막이로 갇힌 공간을 의미하는 것은 아니다. 카공족 중에는 카페 소음을 화이트 노이즈처럼 이용하여 스스로 사색을 더욱 깊이 하는 경우도 있다. 오픈된 공간이 금양체질에게는 더 적합할 수도 있다. 혼자 사색하기를 좋아하고, 자료를 찾으면서 공부하는 체질이기에 책을 쉽게 찾을 수 있는 도서관이나 정보를 검색할 수 있는 노트북 등의 사용이 자유로운 곳을 찾는 것이 중요하다.

❸ 금음체질(태양인)

신속하게 핵심을 파악하는 성격이다. 학교 수업이나 강의에서 자신이 알고 싶은 것을 바로 알려주지 않으면 성에 차지 않아서 나 홀로 공부형이 된다. 사고력과 직관력이 뛰어나고 계획성이 철저하기 때문에 대학교 중앙도서관 같은 곳에서 스스로 공부 계획을 세우고 꾸준히 정진한다. 한편으로는 창의적이고 혁신적이기에 자신에게 맞는 기발한 공부 방법을 잘 찾아내는 스타일이기도 하다. 일반적으로 서울대생들에게 많은 공부 체질이다.

❹ 수양체질(소음인)

주변을 매우 깔끔하게 정리해야 집중하는 스타일이다. 꼼꼼히 계획을 세우고 한 가지 일에만 집중하면서 차근차근 해 나가는 체질이다. 따라서 공부에 필요한 물품을 잘 정리해 놓고 계획표를 붙여놓을 수 있는 폐쇄형 독서실이나 독립된 자신만의 공간이 필요하다.

❺ 수음체질(소음인)

꼼꼼한 계획형인 수양체질과 비슷하지만, 감정이나 감각을 통제하지 못할 때가 많고 계획을 철저하게 세우는 편은 아니다. 따라서 최근에 많이 생긴 스터디 카페가 최적의 공부 장소이다. 계획을 잘 세우고 의지가 충만할 때는 집중형 공간에서 공부하고, 감정적으로 답답할 때는 좀 어질러놓기도 하고 어수선한 환경에서 음료도 마시면서 공부하는 카페형 공간에서 공부하는 것이 좋다. 자신의 컨디션에 맞게 이동하면서 공부해야 되는 체질이다.

❻ 목양체질(태음인)

내향적이면서도 감정적이다. 사람들과 함께 하는 스터디형은 어울리지 않는다. 그렇다고 혼자 치밀하게 계획을 세우고 공부하는 것도 아니다. 따라서 목양체질은 자신에게 잘 맞는 강사를 찾는 것이 아주 중요하다. 좋아하는 강사의 인강 등을 들으며 혼자 공부하되, 강사의 가이드와 진도를 기반으로 학습 계획을 세우고 공부하는 것이 가장 좋다. 혹은 감정적으로 편한 총무가 있는 관리형 독서실도 괜찮은 선택이 될 수 있다.

❼ 목음체질(태음인)

외향적이면서 감정적이기 때문에 스터디형이 잘 어울린다. 하지만 주도적인 성격이 아니기에 스터디 리더보다는 이미 잘 조직된 스터디 그룹에 들어가서 사람들과 잘 어울리면서 공부하면 더욱 효율적이다. 오픈된 공간에서 스터디 조원들과 서로 얼굴을 확인하면서 공부하고, 쉬는 시간에는 가볍게 수다를 떨 수 있는 시설이 되어 있는 공간이 잘 어울리는 체질이다.

❽ 토음체질(소양인)

토양체질과 금양체질이 절반 정도 섞인 체질로 감별이 쉽지 않다. 공부 스타일도 성격이 사회화 과정을 거치면서 외향화되었는지 내향화되었는지에 따라서 달라진다. 이 체질은 토양과 금양 중 자신의 평소 성격과 비슷한 체질의 공부 스타일과 장소를 참고하면 될 것이다.

서울대생들의 공부 장소를 조사한 결과 공부 장소만큼은 가장 상대적인 특성이 강했다. 즉 서울대생들이 주로 공부하는 곳이라고 해서 그곳이 가장 효율적이라고 단정할 수는 없다. 필자 주변에 고시에 합격한 친구들도 공부하는 장소만큼은 각양각색이었다.

∽ 서울대생의 공부 장소 ∽

그렇다고 해도 서울대생은 주로 어디서 공부하는지가 궁금할 것이다.

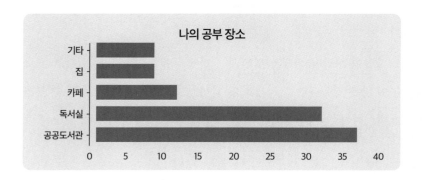

서울대생들은 공부할 수 있는 곳으로 쉽게 이동할 수 있는 접근성에 따라 공부 장소를 선택했다. 공부의 효율적인 면에서 장소는 크게 영향을 미치지 않았다. 흥미로웠던 것은 설문조사의 기타 대답에서 다수가 장소에 상관없이 공부한다고 했다는 점이다. 의지와 집중력만 있다면 장소에 크게 구애받지 않고 공부했다.

공부 장소를 선택할 때는 어디서 공부할 때 자신의 학습 효율이 높은지 평소 모니터링이 중요하다. 장소를 바꾸어 공부하면서 집중 시간이 얼마나 되었는지 체크해보는 것도 도움이 될 것이다. 다만 자신에게 맞는 상황이 항상 연출되지 않는다는 점을 감안해야 한다. 틈틈이 시간이 날 때 공부해야 할 상황도 있을 것이고, 원하는 장소까지 이동하거나 공부 장소를 확보하기 어려운 상황도 많을 것이다. 그럴 때 어떻게 공부 환경을 개선할 수 있는지가 더욱 중요한 문제다.

∽ 공부를 방해하는 요소가 많은 경우 ∽

자신이 시각 중심형 타입인데 주변에 공부를 방해하는 시각적 요소들이 많은 경우에는 어떻게 해야 할까? 그럴 때는 시야를 가릴 수 있는 휴대성이 좋은 가림막이나 높은 독서대 등을 이용하여 방해 요소를 줄

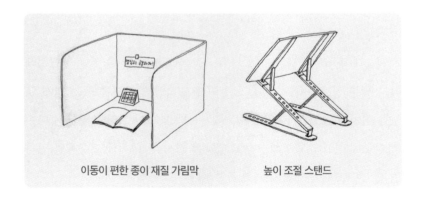

이동이 편한 종이 재질 가림막   높이 조절 스탠드

이는 것이 좋다.

청각 우위형은 두 가지 타입으로 나눌 수 있다. 완전히 조용한 곳을 선호하거나 적당한 소음이 필요한 경우이다. 완벽하게 소음을 차단하기 위해서는 성능 좋은 귀마개가 필요하고, 적당한 소음을 원하는 경우에는 화이트 노이즈를 들을 수 있는 노이즈캔슬링 이어폰이 필요하다.

이어 플러그 ER20XS

후각 우위형의 경우에는 기억법에서도 말했지만 한 번쯤은 자신에게 잘 맞는 아로마를 찾아서 어느 장소에서나 그 아로마 목걸이를 휴대하는 것을 추천한다.

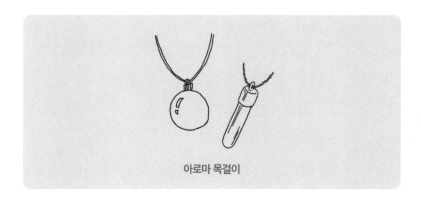

아로마 목걸이

촉각 우위형의 경우에는 자신이 평소에 애착을 느끼고 좋아하는 소재의 감성적인 문구류를 지니고 있다면 어느 장소에서나 마음 편하게 집중할 수 있을 것이다.

공부 장소 선택에서 중요한 점은 스스로 과거의 성공 경험을 돌아보는 것이다. 그때와 가장 유사한 환경을 만들어 보거나, 혹은 자신에게 맞는 공부 장소를 더 빠르게 파악하고 싶다면 자신의 체질을 알고 잘 어울리는 공부 환경을 만드는 것이 큰 도움이 될 것이다. 이보다 더 중요한 것은 어떤 환경에서도 자신이 집중할 수 있게 도움을 주는 도구다. 그것을 지니고 있다면 굳이 최적의 공간으로 이동하는데 드는 시간을 아낄 수 있고 효율적으로 공부할 수 있다.

3장

공부 의욕을
불러일으키는 환경

학습 스터디를
가장 효율적으로 하는 방법

학생들은 시험에 합격하기 위해 오랜 시간 공부한다. 직장인도 성장하려면 공부를 틈틈이 해야 한다. 공부는 꾸준히 의욕을 가지고 해야 하는데 여간 힘든 일이 아니다. "멀리 가려면 함께 가라."는 말이 있다. 가끔 공부가 무료해지고 진도가 안 나갈 때는 공부하는 패턴을 스터디로 바꿔 자극을 주는 것도 좋은 방법이다. 학교나 회사에는 자연스럽게 형성되는 스터디 그룹이 많다. 이를 잘 활용하여 학습하고 성장하는 기회로 삼을 수 있다.

필자는 스터디 모임이 인생의 전환점이 되었다. 지금의 배우자를 학교 토익 스터디 그룹에서 만났다. 금융인에서 컨설턴트로 이직할 때도 전통 있는 여의도 이코노미스트 강독 스터디에서 계기를 마련했다. 또한 늦은 나이에 한의사가 된 것도 직장인 MEET 시험 스터디 그룹에 참가했기에 가능한 일이었다. 목표를 이루고 싶을 때, 험난한 수험의 길에서 든든한 도반을 만날 수도 있다. 스터디의 장점은 이루 말할 수 없다. 하지만 제대로 스터디가 운영되지 않는다면 시간만 뺏기게 되고 친목 모임으로 변질되어 원래의 목표와는 거리가 멀어지는 경우도 종종 있다.

∞ 어떤 스터디에 들어가는 것이 좋은가 ∞

어떻게 하면 스터디 그룹이라는 도구를 가장 효율적으로 활용할 수 있을까? 서울대생 100명에게 스터디 활용 팁을 물어보았다.

스터디 그룹

서울대생들은 ❶ 스터디 멤버 선정이 중요하다고 강조했다. 스터디 구성원들은 스터디의 시작이자 끝이라고 볼 수 있다. 스터디 그룹을 선택할 때는 가급적 자기보다 공부 수준이 높은 사람들이 얼마나 많은가에 초점을 맞춘다고 했다. 왜냐면 단순히 그들로부터 도움을 받기 위해서가 아니라 스스로 동기부여가 되기 때문이다.

❷ 스터디가 친목 모임으로 그치는 것을 차단하기 위해서 철저하게 공부 위주인 스터디를 찾는 것이 중요하다고 재차 강조했다. 스터디 시간 외에 따로 뒷풀이나 회식 같은 것이 공식적으로 없는 규칙을 만든다고 했다. 스터디 운영을 위한 단톡방에서도 사적인 잡담은 금지하는 등 안전판을 반드시 설정했다.

❸ 오래된 스터디가 있다면 그곳에 가입하는 것도 안전한 방법 중 하나로 추천되었다. 오랜 전통이 있는 스터디는 이미 진행 방식이 검증받았고, 멘토와 멘티 시스템을 도입하여 서로 공부하고 끌어주는 좋은 시스템도 가능하기 때문이다. 더불어 OB 등이 이미 사회에 진출해 있는 경우가 많아서 단순히 시험뿐만 아니라 취업 등에서도 큰 도움을 받을 수 있다.

∞ 어떻게 스터디를 운영할 것인가 ∞

스터디를 처음 구성할 때는 모집자가 대부분 규칙을 정해 놓기 마련이다. 당연히 성실한 참여자가 많은 스터디가 효율적이기에 불성실한 사람은 빠르게 퇴출할 수 있는 규칙을 만드는 것이 좋다. 최근에는 '캠스'라고 불리는 온라인 상호 감시 스터디도 많아지고 있다. 줌(zoom) 등의 앱을 통해 온라인 참여 규칙을 정하고 규칙을 어기면 바로 퇴장하게 만드는 방식으로 좀 더 간편하면서도 엄격하게 진행할 수 있다.

스터디 장소는 주기적으로 만나기 편한 장소가 좋다. 하지만 장소에 점차 익숙해지면 공부하는 분위기가 나태해질 수도 있기 때문에 매번 낯선 장소에서 조금은 긴장하며 스터디를 지속하는 것도 생각해볼 수 있다.

가장 좋은 방법은 기존의 스터디 그룹에 참여하기보다는 자신이 스터디를 구성하고 규칙을 정하는 것이다. 자신의 공부 스타일에 맞춰 스터디를 구성하고 잘 맞는 사람들을 골라 스터디를 운영하면 책임감도 생기고 이상적인 스터디를 꾸려 보는 좋은 경험도 할 수 있다.

∞ 스터디에서 무엇을 공부할 것인가 ∞

서울대생의 대다수는 스터디를 어떻게 활용할까?

❶ 진도형보다는 실전형 모의고사 스터디를 강력하게 추천했다. 공부할 내용을 습득하기 위한 진도형 스터디는 각자의 실력이 천차만별이고 공부 진도를 합의하기도 어렵다. 개인적으로 공부하면서 진도를 나가되 중간 실력을 테스트하는 것이 가장 효율적이라고 했다.

오래전에 인강 비용 등을 아끼고 집중력을 유지하기 위해서 같이 인강을 듣는 스터디가 한때 유행한 적이 있었다. 그러나 프리패스 등의 강의들이 출시되면서 경제적 부담이 줄었고, 배속 설정으로 듣는 사람들이 늘어 서로 공부 진도를 협의하기가 쉽지 않아 인기가 없어졌다.

　서울대생들은 스터디에서 실전형 모의고사를 풀고 오답 등에 대해서 간단하게 논의하는 것이 가장 효율적이라고 입을 모아 이야기했다. 더욱더 강한 동기부여를 하고 싶다면 모의고사 순위를 공개하고 이에 따라 스터디 참여 비용 등에서 중간 인센티브를 부여하는 것도 추천했다.

　시간을 더욱 효율적으로 쓰려면 각자 미리 문제를 풀고 잘 풀리지 않거나 공유할 만한 가치가 있는 문제만 같이 풀고 설명하는 방식도 도움이 된다.

　❷ 시험의 성격이 아닌 스터디에서도 공부나 과제 내용을 체크할 수 있는 수단을 만드는 것이 중요하다. 만약 경제 관련 북 스터디를 한다면 발표자가 카드뉴스 형식으로 짧게 발표하고 책 내용에 대한 간단한 팝 퀴즈를 내서 순위를 매기는 방식이 좋다. 서울대생들은 테스트 형식의 중간 목표 설정을 중요하게 여겼다.

　❸ 서울대생들은 스터디의 장점을 최대한 활용하기 위해서는 아는 수준과 관계없이 질문과 답변이 가장 중요하다고 강조했다. 유대인의 하브루타 공부 방법처럼 서로 묻고 답하는 과정 자체가 사고 정리나 암

기에 큰 도움이 되기 때문이다. 서로 문제를 내기 위해 준비하고 함께 풀어보는 모든 과정이 학습에 큰 도움이 된다. 자기 스스로 어느 정도 공부했더라도 타인과 테스트를 통해 확인하는 과정에서 놓친 부분을 쉽게 발견할 수 있다.

∞ 시간 관리형 스터디 ∞

같이 공부하거나 정보를 공유하지는 않지만, 서로 공부 의욕을 자극하고 공부 시간을 관리하는 출석 체크 스터디 등도 많아지고 있다. 타임스탬프 앱을 이용하여 순수하게 공부한 시간을 인증하거나, 오프라인에서 강제 출석을 요구하고 이를 어길 때는 벌금을 부과하여 공부 의욕이 생기게 한다.

정말 부담 없는 밥터디 같은 모임이라도 정기적으로 참여한다면 지속적으로 공부에 대한 감을 잃지 않고 수험 정보 또한 얻을 수 있다. 자신이 스터디형 체질이 아니라도 공부 시간 관리를 스스로 하기 힘들다면 부담 없는 간단한 스터디라도 참여할 것을 추천한다.

∽ 최고의 스터디 그룹이란? ∽

학습에서는 메타 인지와 긍정적인 사고가 매우 중요하다. 자신이 어떤 수준인지를 명확히 알고 있어야 학습 목표 달성에 충분히 자극을 주는 스터디 그룹을 찾을 수 있다.

그다음으로 중요한 요소는 스터디를 함께하는 구성원들의 성향이다. 이것은 미리 파악할 수 없기에 여러 스터디에 참여해보는 것이 좋다. 아니면 스스로 스터디를 조직해서 자기 기준에 맞는 좋은 구성원을 선발하는 것도 좋은 방법이다. 스터디를 함께할 구성원들은 정서가 비슷한지, 같이 학습할 때 긍정적인 자극을 주고받을 수 있는지가 가장 중요하다. 우리는 부정적으로 생각하는 경향이 강하다. 특히나 목표를 세우고 공부하는 상황에서는 더욱 그렇다. 자기의 상황에 부정적인 평가를 내리고 긍정적인 요소를 무시해버리거나 저평가를 하기 쉽다. 따라서 스터디 구성원들이 회의적 사고로 비판을 하기보다는 긍정적인 요소들을 찾아서 밝은 면을 일깨워주고 유대감을 유지한다면 실력 이상의 시너지가 생길 수 있다. 외부적인 요인이 조금 마음에 들지 않더라도 스터디 구성원들에게서 긍정적인 자극을 받을 수 있다면 무조건 참여해보기를 추천한다.

메타 인지와 우호적인 환경과 긍정주의가 있는 스터디 그룹은 회복탄력성을 갖추는데 최적의 환경이다. 수험을 준비할 때는 부정적인 생각에 빠지기 쉬운데 회복탄력성이 충분하다면 주위 상황에 크게 휘둘

리지 않고 공부를 지속하면서 원하는 성과를 얻을 수 있다. 좋은 스터디
에서 공부할 수 있다면 이미 시험에 합격한 것이나 다름없다.

∽ 서울대생들이 가장 많이 추천한 앱 ∽

| 위스터디 | 네이버밴드 | 카카오톡 오픈 채팅방 |

08

최고의 공부 시간
관리 도구들

필자는 한의학전문대학원에 가려고 공부할 때 개인 사업을 하고 있었다. 당연히 공부할 시간이 부족했다. 게다가 문과 출신이 한 번도 공부해본 적 없는 MEET의 자연과학, 유기화학까지 공부하다 보니 만만치 않았다. 고객들을 만나기 전에 틈틈이 차에서도 공부했는데 그 시간은 고작해야 10~15분 정도였다. 공부하면서 약속 시간까지 얼마나 남았는지 매번 시간을 체크하려고 시계를 보거나 휴대폰 알람을 설정했다. 그러다 일명 구글 시계라고 불리는 타임타이머를 구입한 후로는 주어진 시간이 얼마나 되는지 쉽게 파악할 수 있어서 집중도가 훨씬 높아졌다. 너무 효과가 좋아서 지금도 타임타이머를 응용한 팔목 시계까지 구입해서 진료 시 설명 시간이나 추나 시간을 조절할 때도 쓰고 있다.

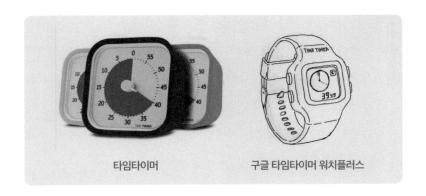

타임타이머   구글 타임타이머 워치플러스

공부에 집중하기 위해서 자투리 시간도 알차게 써야 한다는 것은 누구나 알고 있다. 공부할 때 효율적인 도구를 사용한다면 훨씬 더 알차고 수월하게 목표를 달성할 수 있다. 특히 손목시계는 계속 손목에 차고 있기에 수시로 '짧은 시간을 잘 활용하자!'라는 마음가짐을 갖게 하는 NLP적인 심리적 트리거의 도구로도 아주 유용하다.

∽ 서울대생의 시간 관리 ∽

예전에 강남권 고등학교에서 서울대에 합격한 후배는 이렇게 말했다. "내가 전교 1등이고 공부를 제일 잘하는데, 주변에 나보다 더 열심히 더 길게 공부하는 친구들이 없었다." 주어진 시간을 가장 밀도 있게 활용하면서 확보한 시간마저도 길다면 누가 그를 따라갈 수 있겠는가?

시간을 효율적으로 이용하는 것은 크게 양과 질 두 가지로 나눌 수 있다. 양적인 면은 얼마나 많은 시간을 확보했는지 혹은 짧은 시간이라도 최대한 많이 확보할 수 있는지가 관건이다. 질적인 면은 주어진 시간을 얼마나 효율적으로 사용하는지가 중요하다. 시간이 많을수록 유리한 것이 사실이다. 하지만 주어진 수험 시간의 조건은 개인마다 다르고 특히 평생학습 시대에서는 본업 외에도 항상 자기개발을 위한 공부를 해야 하기에 더욱더 시간을 확보하는 것이 중요하다.

서울대생들에게 시간을 어떻게 관리하고 있는지 설문조사를 했다. 중고등학생 때와는 달리 자신의 목표와 꿈을 성취하기 위해서 공부 시간을 스스로 계획하고 활용해야 하기에 진지한 고민들이 답변에서 많이 묻어 나왔다.

서울대생들이 부족한 시간을 보충하기 위해 사용하는 최고의 시간 관리 도구는 무엇일까?

가장 압도적인 대답은 타이머였다. 얼마만큼 공부에 집중했는지 체

스톱워치

크할 수 있는 단순한 기능의 스톱워치부터 공부 시간을 측정해 주는 기능을 가진 다양한 앱들이 모두 타이머라는 카테고리 안에 담겼다. 특히 서울대생들이 가장 많이 추천한 앱은 열품타, 포레스트 앱이었다.

∽ 속독과 속청으로 학습한다 ∽

질적인 측면에서 공부에 활용하는 도구들은 어떤 것이 있었을까? 상당수가 속독이나 속청을 활용한다고 하여 약간 놀랐다. 필자가 학창 시절에 공부할 때는 속독에 관한 도서와 학원들이 생겨나기 시작했고, 보편적인 학습 수단이기보다는 일부 관심 있는 이들의 활용법 중의 하나였다. 속청은 한때 유행한 적이 있었던 학습법이었는데, 필자는 고가의 일본 재생플레이어를 가지고 2배속 정도로 테이프가 늘어지도록 듣곤 했다. 고시촌에서도 주머니가 가벼운 고시생들은 비싼 현장 강의보다 중고 테이프 강의를 구해서 2배속으로 듣고 다시 중고 테이프를 판매했다.

이제는 속독이나 속청은 거의 보편화된 학습 방법으로 인식되어 있는 것처럼 보였다. 서울대생들은 따로 속독법을 배웠다기보다는 다독을 하다 보니 저절로 속독할 수 있게 되었다고 답변했다. 유튜브나 인강 같은 미디어 자료들이 자막이 많고 배속 설정이 손쉬워지면서 자연스럽게 속독과 속청이 늘었다고도 했다. 설문조사를 한 필자는 이러한 점이 매우 흥미로웠다. 보통 인강이나 미디어 강의들은 집중도나 효율이 떨어진다고 생각하기 쉬운데 서울대생들은 오히려 인강을 2~3배속으로 들으면서 집중도가 높아지고, 빠르게 한번 공부한 후에 계속 반복하여 공부하는데도 훨씬 효율적이라고 입을 모아 말했다. 이미 속독과 속청이 두뇌 개발이나 집중력에 미치는 효과가 크다고 알려져 있기에 언급은 하지 않겠으나, 최근에 와서 다시 이러한 방법을 활용하여 학습한다는 것이 재미있는 현상으로 보여진다.

필자 또한 배속 반복 학습을 강력하게 추천한다. 《7번 읽기 공부법》이라는 책이 유행했던 것처럼 학습에서 반복이 중요하지만 맨 처음 한번을 보는(1회독)을 한다는 건 여간 힘든 일이 아니다. 일단 가벼운 마음으로 한번 쓱 보는 것만으로도 이후의 학습에 가속도가 붙을 수 있으니 인강이나 미디어 강의를 배속으로 공부해보자. 그런 다음 다시 한번 배속으로 반복하면서 조금씩 내용 정리를 한다. 집중해서 공부해야 하는 부분에서는 배속을 조절한다. 이렇게 하면 같은 시간에 더 많은 회독 수를 올릴 수 있어서 효율적이다. 또한 최근에는 자막이 설정되어 있는 영상들도 다수 있어서 빠르게 영상을 보는 동시에 속청과 속독 연습이 저절로 이루어진다.

∽ 속독에 도움이 되는 도구 ∽

아직까지도 학습할 때는 학원 강의나 과외 등의 아날로그적인 면이 많다. 하지만 미디어의 주요 매체가 영상으로 이동하는 것은 시대의 흐름이다. 따라서 속독이나 속청의 기술을 개발한다면 영상 매체를 잘 활용하여 학습할 수 있다. 그렇다면 영상 배속 말고 속독과 속청에 도움이 될 만한 도구들은 없을까?

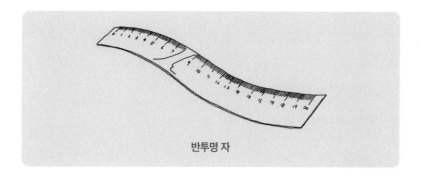
반투명 자

속독을 위해서 반투명 자를 추천한다. 특히 공부하는 책의 사이즈와 맞는 가로 길이에 잘 휘어지는 소재의 자를 추천한다. 펜을 대면서 글자를 죽 따라가게 되면 학습자마다 속도를 조절하는 것이 다르고, 한 줄을 한 번에 쭉쭉 읽어나가지 못한다. 따라서 자를 대고 왼쪽부터 오른쪽까지의 시선의 흐름이 정지되지 않게 한 줄씩 내리면서 반복적으로 책을 읽는 습관을 들이면 어느 순간 반투명 자의 이동 시간에 맞추어 책을 읽어 내려가는 속독법이 자연스레 체득될 것이다. 잘 휘어지면서 반투명인 자를 추천하는 이유는 책에 밀착되어 움직여야만 시선이 중간에 멈추는 부분이 없고 다음 줄로 자의 이동 범위를 예측할 수 있기 때문이다.

∽ 속청에 도움이 되는 도구 ∽

속청을 위한 도구들은 인터넷에 검색해보면 너무나 많다. TTS 무료 프로그램(balabolka 등)이나 앱 등은 쉽게 검색하여 사용할 수 있다. 필자도 짧은 글이나 간단한 내용은 네이버나 파파고 번역기를 이용하여 음성 파일을 만든다. 파파고 번역 창에 글을 넣고 음성 듣기를 하면 고품질의 음성이 나오는데 이를 PC 소리 녹음 프로그램(곰오디오 등)으로 녹음하면 손쉽게 음성 파일을 얻을 수 있다.

balabolka   파파고 번역기

음성 파일을 얻었다면 배속으로 변환해주는 플레이어나 프로그램도 너무 쉽게 구할 수 있다. 알송이나 음성 배속 앱 등을 설치하여 나만의

필수 암기나 정리 내용 등을 배속 음성화하여 틈이 날 때 듣거나 잠자기 전에 듣는다면 수면학습 효과까지 누릴 수 있다. 배속으로 자주 듣다 보면 후크송을 들었을 때처럼 머릿속에 맴도는 배속 음성의 위력을 느끼게 될 것이다.

배속 플레이어 앱 스터디 플레이어

09

나에게 맞는
참고서를 고르는 팁

공부할 때 가장 필수적인 도구를 꼽으라고 한다면 참고서가 아닐까. 전쟁터에 나가는 군인에게 총이 필요하듯 수험생에게는 참고서가 필수 무기다. 자신에게 잘 맞는 참고서를 빨리 찾을수록 합격으로 가는 길이 수월해진다.

무엇보다도 우선 갖추어야 할 참고서는 기출문제집이다. 기출문제의 중요성에 대해서는 앞에서도 여러 번 강조했다. 진리 탐구를 위한 상아 탑적인 공부를 하는 경우가 아니라면 대부분은 실용적인 목적으로 공부한다. 실용적인 목적 즉 시험 합격에 가장 잘 맞는 참고서는 기출문제이다. 출제자의 생각은 수험생의 목적과 일치한다. 출제자의 생각을 읽기 위해서는 기출문제를 봐야 한다. 어느 참고서도 기출문제집만큼 완벽할 수 없다.

하지만 기출문제집만으로 공부할 수는 없다고 생각하는 사람들이 많다. 필자는 기출문제집만으로도 합격을 위한 공부가 가능하다고 말하고 싶다. 실제 수능 문제집 중에는 '마르고 닳도록'이라는 언어 영역 교재가 있다. 이것은 말 그대로 기출문제집 모음이다. 그런데 참고서로 팔리는 이유는 그 해설이 기출 의도를 훼손하지 않고 그대로 전달하기 때문이다. 어설프게 기출을 비슷하게 변형한 여러 문제를 풀기보다는 하나의 기출문제를 오답 선지(選支), 구성, 순서까지도 꼼꼼하고 철저하게 분석해 보는 것이 중요하다. 수능뿐 아니라 다른 시험의 경우도 마찬가지다.

∞ 기출문제를 풀고 해설서를 본다 ∞

참고서에는 기본서가 있고 기출문제집이 있다. 시험공부를 시작한다면 내용을 전혀 모른다고 해도 기출문제를 풀라고 권하고 싶다. 일단 기출문제를 한번 푼 다음에 해설서를 보면서 대략적인 내용을 이해한다. 그런 후에 기본서를 보면 무엇이 중요한 내용인지에 대한 강약조절이 자연스럽게 이루어진다. 기본서를 좀 더 입체적으로 공부할 수도 있다. 그리고 다시 한번 기출문제를 풀어보면 그 과정이 더욱 명확해진다. 결국 '기출문제-기본서-기출문제-기본서'의 반복이다.

심지어 어느 정도 아는 분야의 시험이거나 쉬운 시험일 경우에는 기출문제를 풀고 해설 부분에 기본서의 핵심 내용을 단권화하는 마음으로 보충한 다음 기출문제집 한 권만을 반복해서 풀어도 합격할 수 있다. 필자도 서울대 재학 시절에 행정고시 재경직 1차 시험을 이렇게 준비했다. 한 달 정도의 시간밖에 없어서 기출문제만 반복해서 풀었고 시험유형을 파악하고 합격하였다. 이후에 한의전 입시를 위한 MEET를 공부할 때도 같은 방식으로 합격했다. 그때는 사무실에서 인강을 보면서 차근차근 진도를 나갈 수가 없었다. 예상 문제를 푼다는 건 환경도 그렇고 시간적 여유도 없었다. 그래서 무조건 인강을 배속으로 듣고 해당 부분의 기출문제를 풀면서 모르는 부분의 내용만 간단히 정리하면서 공부했다. 생업을 하면서 한의전에 합격할 수 있는 점수를 확보한 것도 바로 이 기출문제를 이용한 거꾸로 공부법 덕분이었다.

∽ 나에게 맞는 최적의 교재를 찾는 법 ∽

기출문제집만큼이나 기본서의 학습도 중요하다. 모르는 것을 찾아볼 때는 되도록이면 자세하면서도 좋은 기본서를 구비해야 한다. 최고의 수험서 기준은 개인마다 다를 수밖에 없다. 그래서 서울대생들에게 최고의 수험서보다는 자신이 최고라고 생각했던 교재들과 그 이유에 대해서 물어보았다. 자신에게 잘 맞는 스타일로 구성된 추천 교재들을 한번 살펴보고, 비슷한 유형으로 구성된 문제집들을 골라서 최적의 교재를 찾는다면 훨씬 더 수월하게 자기만의 최고의 수험서를 찾을 수 있을 것이다.

❶ 시각 우위형

가독성 및 내용의 이미지화에서 좋은 점수를 받은 교재들이다.

• 민사소송법(박승수): 들여쓰기가 잘 되어 있고, 적당한 자간과 줄 간격으로 가독성이 좋다.

• 에센스 경영학(전수환): 키워드 색인이 있다. 키워드별로 책 페이지가 기록되어 있어 특정 개념을 찾을 때 편하다.

• 리핀코트 생화학: 그림이 많아서 이해하기 쉽다.

• 토질역학(이인모): 글의 구성과 내용이 한눈에 들어온다.

• MD 보카 33000(문덕): 편집이 깔끔하고 간결하여 유용하다.

• 트리니티(황종휴): 중요 포인트별 정리가 잘 되어 있고 그래프가 다수 수록되어 있다.

❷ 난이도 중요형

수험에 적절한 난이도 배분과 밸런스가 좋은 교재들이다.

• 블랙라벨: 도전 정신을 일으키는 문제가 많아서 좋다.

• 마플: 유형별 난이도 순서의 배치가 문제풀이 실력 향상에 많은 도

움을 준다.

• EBS 고난도 문제집: 문제의 질이 좋고 어렵게 연습하는데 도움이
된다.

• 최신 물리(청문각): 문제의 수준이나 난이도 배치가 훌륭하다.

❸ 기출 위주형

• 메가스터디 기출 분석: 해설이 정말 자세하고 좋다. 기출 학습에
편의성을 높여준다.

• EBS 교재: 수능 반영 교재라는 것이 장점이자 한계다.

• 에듀윌 교재: 기출 중심으로 분석이 가장 잘 되어 있다.

• 현우진 교재: 예상 기출을 적중시켜 줘서 가장 좋다.

• 메가엠디 PEET 기출문제 풀이집: 문제 풀이와 함께 해설이 자세
하여 개념 복습이 가능하다.

• 고등 수학 마플: 평가원 기출문제가 완전히 수록되어 있어 좋다.

• 마르고 닳도록: 전반부는 평범한 모의고사 모음집이나 해설 부분
이 기가 막히게 자세하고 꼼꼼하다.

❹ 검증받은 전통 교재형

• 수학의 정석: 자세한 개념 설명은 다른 교재가 따라갈 수 없다.

• 개념원리: 기본적인 개념들을 같이 풀어주고 밑에 응용문제를 제
시한 후에 연습문제로 따로 고난도 문제까지 다뤄주어서 믿을 만한 교

재다.

❺ 유형별 연습 위주형

• 마스터플랜 수학 문제집: 다양한 문제가 나와 있고, 유형별로 비슷한 문제 복습에 좋다.

• 해커스 교재들: 서울대생들이 가장 많이 뽑은 최고의 교재다.

• 행정법 엑기스(정선균): 애초에 교재 자체가 실제 답안 구성을 하기 좋게 편재되어 있어서 그 교재의 워딩 그대로 답안지 구성이 가능하다.

• 쎈: 유형별로 정리되어 있어 쎈을 마스터하면 수학 2등급은 기본으로 나온다.

• 유대종 대종 모의고사: 유형별 실전연습에 가장 적합하다.

• 매3비: 특별히 분량을 나누지 않아도 되고 연습하고 나서 성취감이 좋다.

❻ 설명위주형

• 국어의 기술(이해황): 책 집필 흐름을 따라가다 보면 왜 국어 성적이 안 오르는지 고민하는 학생들이 스스로 해결책을 떠올리게 되는 설명 구성이다.

• 계량경제학 강의 노트(김창진): 강의록을 그대로 옮겨놓았고, 친절하고 이해하기 쉽게 설명한다.

• 한솔수학 교재: 혼자 읽어도 이해되도록 설명이 되어 있다.

• 마더텅: 문제 수록 순서와 풀이 설명이 다른 문제집과 비교해 압도적으로 좋다.

• MEET 생물(박선우): 설명이 가장 좋다.

• 논문 한번에 통과하기 시리즈(amos): 설명이 상세하고 사진이 풍부하다.

❼ 정리형

• DELE(펠리스 스페인어): 내용 정리가 잘 되어 있고 필수 어휘도 수록되어 있어 편리하다.

• 도덕윤리 임용(김병환): 여러 원서에 나오는 개념을 책 한 권으로 요약 정리했다.

• 원페이지 교육학: 한 페이지에 개념을 하나씩 핵심 위주로 정리해두어 암기하며 보기 쉽다.

• 세법 summary(강경태): 깔끔하고 목차별로 정리가 잘 되어 있고 각 단원별로 헷갈리는 점들을 모아 놓아서 전 범위를 정리하기 수월하다.

• 민소법 정리(박승수): 방대한 민소법 시험에 중요한 내용을 체계적으로 정리했다.

• 한국사 필기 노트(전한길): 깔끔하게 정리가 잘 되어 있다.

❽ 기타

남이 정리해둔 참고서보다는 자기가 만든 것이 훨씬 기억에 오래 남아 스스로 정리해서 교재를 만들어 공부하는 유형이다. 이렇게 공부하는 서울대생들이 많았다.

서울대생들이 추천한 교재를 정리해보니 다수의 추천을 받은 것은 해커스에서 나온 교재들이었다. 위에서 구분한 유형에서 골고루 장점을 갖추고 있기 때문에 어학 관련 교재에서는 단연코 추천이 많았다.

그다음으로 많은 것은 스스로 정리한 교재였다. 이 점이 가장 놀라웠다. 서울대생들은 자신의 학습 메타 인지가 잘 되어 있어서 누군가의 틀에 맞추기보다는 스스로 장단점을 잘 활용할 수 있는 자기만의 교재를 만드는 것이 가장 효율적이라고 생각했다. 앞으로 설명할 '노트를 잘 정리하는 방법'과 '나만의 좋은 참고서를 만드는 방법'은 일맥상통하는 면이 있다.

나만의 정리 노트

필자가 추천하는 가장 보편적이고 안전한 방법은 과목별로 기본 개념에 충실하며 인지도가 높은 참고서 한 권을 고르고, 덜 유명하고 잡다한 내용이 많지만 흥미가 끌리는 참고서가 있다면 추가로 한 권 더 사서 서브북으로 활용하는 것이다. 많은 사람이 좋아하는 데는 다 이유가 있다. 대세인 강사는 그만한 이유가 있지만 나한테 맞지 않을 수도 있다. 하지만 참고서만큼은 대세를 따르는 것이 크게 후회하지 않는 선택이 될 수 있다. 따라서 참고서를 고를 때 특별한 자신만의 기준이 없다면 대세를 따라도 무방할 듯하다.

10

효율적인 수험 정보는
어디서 얻을까?

예전에는 수험 정보를 선생님, 선배, 강사, 혹은 어머니의 인맥을 통해 얻었다. 자격시험 정보도 대부분 합격한 선배, 스터디 그룹, 강사에게 얻는 정도였다. 이러한 인맥을 기반으로 하는 오프라인의 정보는 주변에 어떤 지인을 두었냐에 따라 정보의 정확도 등이 천차만별이었다. 잘못된 정보가 많았고, 비교 분석해 볼 수 없으니 나에게 맞는 정보를 얻는 것이 쉽지 않았다. 서울대에 진학한 이후에 전공이나 진로를 잘못 선택해서 후회하는 사람들의 대부분은 주변 지인들에게 얻은 정보로 대학이나 학과를 결정한 경우였다.

많은 학부모가 좋은 학군으로 이사를 원하는 이유도 커뮤니티에서 얻는 정보력을 무시할 수 없기 때문이다. 특히 개인과외 소개나 특정 과목을 잘 가르치는 소규모 학원에 대한 정보는 학부모들이 초등학교 때부터 다져온 끈끈한 인연이 아닌 이상 오픈이 안 되는 경우가 많았다. 그래서 실력 있는 학원과 과외 정보를 가지고 있는 일명 돼지엄마를 중심으로 컨설팅이나 스터디 그룹을 묶어 학생들끼리 정보를 공유하기도 한다.

여기서 궁금증이 생긴다. 과연 이런 정보가 꼭 필요한가? 이런 정보를 얻지 못하면 원하는 대학에 합격하지 못하는가? 정말로 서울대는 좋은 정보를 듣고 관리가 잘된 학생들만 입학할까? 아니다. 내 주변에 서울대에 다니는 후배들만 보아도 꼭 그런 것은 아니다. 물론 좋은 환경에서 좀 더 수월하게 수험 준비를 할 수 있겠지만, 수험의 본질은 명확하다. 그리고 이미 합격에 필요한 핵심적인 내용은 다 오픈되어 있다. 결국 나에게 잘 맞는 좋은 강사와 확실한 참고서만 있으면 사실 그다음부터는 자기 스스로 공부하는 것이 가장 중요하다.

∽ 수험 정보보다 중요한 것 ∽

자기 스스로 최적화된 공부환경을 만들고 꾸준히 공부하는 것이 핵심이다. 혹시나 좋은 정보가 있으면 시간을 아끼고 공부를 더욱 수월하게 할 것 같지만 장기적으로 보면 거기에 돈과 노력을 들이기보다는 스스로 학습하는 힘을 기르는 것이 더 낫다. 잘 관리된 학생이 다행히 명문대에 들어간다고 해도 그 이후의 진로는 스스로 개척해야 한다. 스스로 정보를 찾고 공부하는 힘을 키우고 명문대에 입학한 학생은 대학생활의 행보가 남다르다. 점차 자신의 명확한 비전을 찾고 묵묵히 공부하여 목표를 달성한다. 반면에 부모의 의견에 순순히 따르며 공부하여 명문대생이 된 경우에는 대학에 다니면서도 부모님의 정보에 의지하고 수많은 돈을 들여서 의전원, 로스쿨 등의 준비 학원을 전전하면서 뻔한 진로를 선택한다. 심지어 의전원, 로스쿨에 들어가서도 전공 과목에서 좋은 학점을 얻기 위해 다시 사교육에 빠져드는 것을 보았다.

삶의 방향을 정할 때 의미가 있고 남들에게 인정받는 전문직을 선택하는 것은 안정적인 면에서 나쁘지 않다. 하지만 자신의 삶인데 계속 부모님의 정보력과 재력으로 인생을 설계하는 것이 과연 의미가 있을까 싶다. 스스로 공부하는 힘을 먼저 키워야 한다. 필자가 이 책을 쓴 목적은 많은 돈을 들여서 여러 도구를 학습에 활용하라는 것이 아니라 스스로 궁구하면서 목표를 달성한 서울대생들의 사례를 참고하여 자신의 공부에 날개를 달아줄 정보를 얻게 하려는 것이다.

물론 수험 정보는 중요하다. 필자는 수험생이 스스로 정보를 찾을 수 있도록 좋은 어장을 소개해주고 싶다. 이제는 오프라인이라는 한정적인 정보의 장에서 벗어나야 한다. 인터넷에는 수많은 정보가 있기에 최적의 환경이라고 볼 수도 있지만 좋은 정보를 찾기가 쉽지 않다. 그래서 자신만의 기준을 가지고 정보를 선별해야 한다. 가십이나 어그로의 내용은 자극적이고 재미있지만 거기에 끌려다녀서는 안 된다. 자신이 남의 의견에 쉽게 동요되는 팔랑귀 스타일이라면 차라리 인터넷에 떠도는 정보 대신에 주변의 스터디나 강사의 정보를 따라가는 것도 나쁘지 않다. 어떤 정보든 절대적인 왕도는 없다. 자신에게 잘 맞는 방법을 찾고 꾸준히 가면 그것이 최고의 정보다. 그렇다면 서울대생들은 어디에서 알짜 정보를 찾는지 알아보자.

∽ 각종 자격증과 시험 정보는 학교 커뮤니티에서 ∽

각 대학에는 자체 커뮤니티가 있다. 서울대의 스누라이프와 고려대의 고파스 등에는 시험 정보에 관한 카테고리가 있고, 거기에 재학생들만 글을 올리기에 좀 더 솔직한 알짜 정보들이 많다. 수험에 관한 고급 정보는 명문대일수록 많은 것이 사실이다. 이것이 명문대를 가야 하는 이유이기도 하다. 명문대가 성공을 보장해주는 것이 아니라 거기에 있는 정보와 사람이 성공의 길로 이끌어준다. 심지어 고시나 전문대학원 입시, 취업 등의 고급정보를 얻기 위해 서울대의 스누라이프 아이디가 고가에 거래되기도 한다.

| 대학 커뮤니티 추천 앱 | 서울대의 스누라이프 |

필자는 전문직종을 제외한 일반 전공이라면 될 수 있는 한 명문대 진학을 권한다. 단순히 학벌 지향이 아닌 현실적인 문제다. 명문대에서 얻는 정보는 차원이 다르다. 가령 서울대 고시반 오픈 카톡방에서는 동문들의 고급정보를 쉽게 얻을 수 있다.

∽ 수능 정보를 얻으려면 ∽

수능 정보는 아직도 오르비, 수만휘가 많은 영향력을 미치고 있다. 실제로 대치동에서 얻는 고급정보는 여기서 충분히 찾을 수 있다. 하지만 필터링이 많이 필요하다. 만약 정보만 찾고자 무작정 들어가서 여기저기 기웃거리는 경향이 있다면, 정보는 차라리 오프라인에서 얻고 시험의 출제 경향과 무료 배포 문제, 온라인 모의고사 점수를 사용하는 용도로 제한할 것을 추천한다.

오르비   수만휘

유튜브에서는 이윤규 변호사, '공부의 신' 강성태 채널에서 공부에 관한 좋은 자료를 얻을 수 있다. 하지만 유튜브의 속성 때문에 흥미 위주의 내용이 많고 중언부언하는 경향이 있다. 공부 의욕을 높이고 가볍게 정보를 참고한다는 생각으로 유튜브 콘텐츠를 시청하면 된다.

드림 스쿨 이윤규 변호사   공부의 신 강성태

❶ 신문

입시 전략과 관련해서는 교육 전문 신문 〈베리타스 알파〉를 정기구독하라고 권하고 싶다. 필자도 꾸준히 보고 있는 신문이다. 수험생이 보약을 지으러 한의원에 방문했다가 수험전략을 상담하는 일이 종종

베리타스 알파

있기 때문이다. 특히 지방에 있는 학부모들은 서울 지역보다 정보가 부족한 것이 사실이다.

신문은 인터넷보다 전문적이고 심도 있는 기사가 많다. 꾸준히 구독하면 자연스럽게 수험전략도 눈에 보인다. 입시를 코앞에 두고 고가의 컨설팅을 받는 것보다 신문을 꾸준히 보면서 자신의 수험전략을 수립하는 것이 더 낫다. 신문 보는 시간을 할애하는 것이 여의치 않다면 수험전략은 부모님에게 맡기고 문제 분석이나 논술 연습 부분만 시간을 할애해서 꾸준히 보기를 권한다.

❷ 대학 입학처의 입시 요강

입시 전략의 시작은 입시 요강이다. 자신이 목표로 정한 대학의 입시 요강을 한 번이라도 자세히 들여다본 적이 있는가? 혹시 수험전문가라고 불리는 사람들에게 고가의 컨설팅비를 지불하고 위탁해 버리지 않았는가? 대학의 입시 요강은 마치 금융권의 상품 약관과 같다. 컨설팅 업체가 입시 요강을 쉽게 풀어서 설명해주고 수험생에게 해당되는 것이 무엇인지 알려주는 것은 보험 컨설턴트가 약관을 설명해주는 것과 비슷하다. 입시 요강을 보면 복잡한 보험 약관을 처음 봤을 때처럼 무슨 소리인지 잘 모르는 게 당연하다. 찬찬히 정독하고 자료도 검색해 보다가 모르는 것은 입학처에 직접 전화해서 물어보면 된다. 교직원들의 대답을 듣다 보면 실제 전형이 어떻게 진행되는지 구체적인 내용이 은근슬쩍 나오기도 한다. 목표로 정한 대학 입시 요강을 분석하면서 자신에게 해당하는 부분을 확실하게 여러 번 물어봐야 한다. 이 정도의 적극성이 있는 학생들은 반드시 합격한다.

입학자료실

❸ 일반 자격시험

시험 전반에 관한 대략적인 내용은 해당 시험을 강의하는 대표적인 학원에 가서 상담을 받는 것이 좋다. 그리고 나서 자세한 내용은 나무위키나 구글링을 통해 보충하면 된다. 네이버 검색은 거의 의미 없는 광고 위주이기에 별로 추천하지 않는다.

시험마다 특화된 인터넷 게시판이 대부분 존재한다(해커스 영어 등). 필요한 정보만 얻으면 된다. 너무 자주 들어가서 수험에 관한 이런저런 넋두리까지 볼 필요는 없다. 수험 후기나 합격 수기는 반드시 읽어야 한다.

해커스 영어

관련 카페도 대부분 존재한다. 가장 큰 커뮤니티에 가입하여(임용 전공 과목 카페, 회계동아리 다음카페, 공드림 카페 등) 합격 후기를 읽고 스터디 모임에 관한 정보를 얻을 수 있다.

공드림 카페

인터넷을 이용할 때는 내가 가진 정보를 어느 정도 오픈해야 새로운 정보를 얻을 수 있다. 아깝다고 생각하지 말고 내가 가진 정보를 베풀면 반드시 그 이상을 얻을 수 있다. 이것은 오프라인 모임이나 스터디 모임에서도 마찬가지이다. 자신이 조금이라도 아는 정보를 풀어 놓으면 상대방도 좋은 정보를 알려준다.

만약 강사 의존형 수험생이라면 자신에게 잘 맞는 강사들의 개인 카페에서 열심히 활동하는 것을 추천한다. 여러 정보를 주면 서로 정보를 교환하는 선순환이 잘 일어난다. 강사들은 자신이 운영하는 카페에서 열심히 활동하는 회원을 그냥 두지 않는다. 강사는 알고 있는 좋은 정보를 따로 주거나 개인적인 인연도 만들기를 원한다. 자신이 선호하는 강사 스타일이 명확하다면 그러한 커뮤니티에서 열심히 활동하는 것이 좋다.

11

최고의 강사를
고르는 방법

필자는 알고 지내는 학생들에게 기억법을 쉽게 설명해주곤 한다. 일명 '기억의 궁전'이라고 불리는 이미지 기억법이 있다. 이것은 누구나 알고 있는 가장 효과적인 기억법이다. 필자는 여기에 이상형의 이성을 대입시켜 효과를 극대화한다.

가령 트와이스 팬이라고 해보자. 트와이스의 숙소를 머릿속에 기억의 궁전으로 만든다면? 굳이 말하지 않더라도 그 효과가 어느 정도인지는 감이 올 것이다. 이처럼 머릿속에서 트와이스의 숙소를 수없이 반복하면서 재구축 회상 작업이 자연스럽게 연결된다. 심지어 멤버들의 개성에 맞추어 기억을 구축해놓으면 입력과 인출이 생생하게 된다.

최고의 강사를 고르는 방법을 이야기하기 전에 왜 이런 기억법을 소개하는지 궁금할 것이다. 최고의 강사는 검증된 강사 중에서 나의 이상형에 맞춰야 하기 때문이다. 단순히 외모적인 이상형을 말하는 것이 아니다(요즘은 비주얼 시대라 어느 시험을 준비하든 강사들의 외모가 출중해서 고민할 필요가 없다). 목소리가 감미로운 강사, 수업 중간에 해주는 이야기가 너무 재미있는 유머러스한 강사, 수험에 관한 조언을 자상하게 해주는 강사, 동기부여를 잘해주는 강사 등이 있다. 여기서 주목할 것은 '검증된 강사 중에서'라는 단서이다.

∞ 검증된 강사 중에 이상형의 강사를 찾는다 ∞

자신의 이상형에 맞는 강사를 찾았는가? 자신에게 좋은 감정을 유발하는 강사를 강력한 기억보조도구로 사용해야 한다. 이제 그 강사의 강의를 듣게 되면 내용과 함께 행동 이미지까지 동시에 각인되기 시작한다. 심지어 문제를 풀다가 강사가 농담하던 것이 먼저 떠오르는 경험을 하기도 한다.

이제부터 강사는 나에게 개인과외를 해주는 사람이고, 오직 나에게만 강의를 해주는 친절한 강사가 된다. 이성에게 반하여 연애할 때 그 사람의 말 한마디, 행동 하나하나가 생생하게 떠오르는 것처럼, 강사가 말하는 내용을 감정을 최대한 동원하여 듣게 되면 기억력을 극대화할 수 있다. 공부의 시작이자 끝은 기억력이다. 수험 기간에 강사와 랜선 연애를 한다고 생각하자. 인강 게시판에도 지속해서 질문을 남긴다. 강사가 직접 댓글을 달아주는 곳이라면 더욱 좋다. 자신의 생각을 정리하여 게시판에 글을 남기는 행위만으로도 기억력이 배가된다. 굳이 질문할 것이 없다면 오늘 공부한 내용을 정리해서 게시판에 남겨도 좋다. 강사들은 적극적인 수험생을 나쁘게 생각하지 않는다.

실제로 일타강사 중에는 외모가 출중할 뿐만 아니라 판서 자료가 깔끔하고, 발음이 정확하고, 내용 전달에 탁월한 분들이 많다. 이러한 요소들은 듣는 사람의 감정을 움직이는 힘을 발휘한다. 필자의 수험 시절에는 학문적으로는 엄청난 실력과 지식을 갖추고 있었지만 전달력이 좋지 않은 분들도 있었다. 서울대학교에서 공부할 때도 교수님의 학문적 성취와 강의 전달력은 반드시 비례하지 않았다.

수험생의 목표는 합격이다. 진리 탐구를 위한 공부와는 결을 다르게 해야 한다. 수험생에게 가장 좋은 강사는 자신의 감정을 불러일으키는 강사임을 염두에 두어야 한다. 자신이 준비하는 시험에서 가장 규모가 큰 학원으로 가라. 샘플 강의를 듣고 이상형의 강사를 찾아라. 과목마다 라인업을 마련하라. 대부분의 학원은 패키지로 묶여 있는데 경제적으로 큰 부담이 되지 않는다면 패키지를 무시하고 여러 학원에서 과목마다 자신의 이상형에 맞는 강사를 찾는 것이 바람직하다. 그것이 돈과 수험 기간을 단축하는 지름길이다.

∽ 서울대생이 강사를 고르는 기준 ∽

설문조사를 한 결과 서울대생들은 샘플 강의를 무조건 많이 본다고 했다. 필자가 추천한 방식과 동일하다. 서울대생들은 가장 유명한 사이트에서 일타강사를 살펴본다. 마음에 드는 일타강사가 없으면 인지도 순으로 강사를 찾는다. 이때 자신에게 맞는 강사를 찾는 기준은 개인적으로 차이가 있다.

❶ 일타강사형

모든 강사의 강의를 다 들어보고 고를 수는 없다. 누구나 선호하는 강사에게는 그만한 이유가 있다. 일타강사는 아무나 되는 것이 아니다. 대부분의 사람이 듣는 강의라면 오류가 있더라도 다같이 잘못 알고 있을 가능성이 커 시험 오류에 대한 위험부담이 적다. 특히 고시 등의 시험에서는 강사가 잘못 전달한 내용 때문에 문제가 되어 이의 신청 등이 생기면 강의 시장에서 자연스럽게 도태된다. 때문에 검증된 일타강사가 안전하다고 보는 것이다. 학원들도 일타강사가 메인 수익을 창출하기에 강의 날짜나 강의실, 조교들의 지원 등이 안정적이고 체계적이다.

서울대생들이 추천한 일타강사들은 다음과 같다.

- PEET 박선우 강사: 수험생활에 대한 날카로운 통찰력이 있다.
- 한국사 전한길 강사: 모든 면에서 강사로서의 강점이 있다.
- 수학 현우진 강사: 수학 천재다. 커리큘럼이 체계적이다.

❷ 강사 유형 중시형

강의 내용도 중요하지만 자신이 선호하는 강사 유형으로 결정하는 서울대생들도 다수였다. 특히 메인 학습은 자신이 공부하면서 부족한 부분을 채울 수 있는 강사들을 일부러 고르기에 굳이 일타강사나 대세 강사를 찾지는 않았다. 서울대생들은 칠판에 필기를 깔끔하게 하고 정리를 잘 해주는 강사, 세부적인 내용보다는 전체적인 흐름을 잘 짚어주는 강사, 차분하게 A부터 Z까지 설명을 잘 해주는 강사, 요점을 잘 정리해서 나누어 주는 강사, 정석보다는 팁과 꼼수를 많이 전수해주는 강사 등 자신의 취약점을 잘 보완해주는 강사 유형을 선호한다고 했다.

강사 유형을 중시하는 서울대생들이 추천한 강사는 다음과 같다.

- 메가엠디 생물 이동윤 강사: 방대한 양을 압축적으로 가르친다.
- 수학 이장규 강사: 팁을 많이 알려주어 시간을 단축한다.
- 국어 이규환 강사: 기출 분석 부분에서 탁월하다.

❸ 입소문형

고시를 준비하는 서울대생일수록 입소문형이 많았다. 자신에게 맞는 스타일의 강사를 선호하기보다는 시험에서 기출 적중률이나 전문성을 중요하게 여겼다. 가령 유명한 강사라도 잡담을 많이 하고 강의자료가 잘 정리되어 있지 않으면 배제했다. 입소문으로 알려진 서브 자료 제공이 탁월한 강사들을 선택했다. 수험생이 적어도 세심하게 관리해주고 피드백이 좋은 것이 입소문을 타게 만드는 요인이라고 했다.

서울대생들이 추천한 입소문형 강사는 다음과 같다.

- 민법 윤동환: 자세하게 알려주면서 초보자에게 자신감을 불어넣어준다.
- EBS 생명과학2 변춘수 선생님: 진가를 아는 사람만 인정하는 생명과학 강사다.

❹ 기타 유형

- 한국사 최태성: 질 높은 강의를 무료로 제공한다.
- 위포트 학원 홍기찬: 강의 자료 및 강의력이 뛰어나다.

강사는 절대적인 유형이 없다. 참고서에는 어느 정도 정석 같은 것이 있지만 강사는 꼭 일타강사가 아니어도 자신에게 맞는 강사를 찾는다면 큰 효과를 볼 수 있다. 자신에게 맞는 최고의 강사를 선택했다면 믿고 끝까지 따라가는 편이 좋다.

4장

노트 정리와
마인드 관리

12

노트 정리의 도구들

　잘 정리된 노트는 아주 강력한 학습 도구가 될 수 있다. 고시에 합격한 지인들을 보면 2차 시험장으로 비장하게 들어갈 때 노트 한 권을 손에 쥐고 있었다. 두께와 스타일은 모두 달랐지만 자신이 시험 공부한 모든 것이 그 안에 담겨 있었을 것이다.

　정리가 잘된 노트가 소문이 나면 신림동 고시촌 복사집에서 교재처럼 돌기도 했다. 그 노트의 유명세를 기반으로 강의를 시작한 강사도 있었다. 학습할 때 나만의 노트는 가장 강력한 타이탄의 학습 도구 중 하나이다. 앞에서 서울대생들은 이미 만들어진 교재보다는 스스로 만든 노트가 교재 중에서 가장 좋다고 답변했었다. 노트 정리의 중요성은 아무리 강조해도 지나침이 없다.

∽ 잘 정리된 노트는 최고의 참고서 ∽

필자는 학창 시절에 악필인 데다 게을러서 필기를 거의 안 했다. 설명이 마음에 드는 참고서를 여러 번 보면서 필기를 마음속으로 하는 스타일이었다. 성인이 되어서 다시 시험을 준비할 때는 기억력도 많이 떨어졌고, 암기 보조 도구로서 노트 정리의 강력함을 새삼 느꼈다. 그래서 나에게 맞는 노트 정리법을 찾기 위해서 이것저것 많이 시도해 보았다. 그 결과 마인드맵 형식이 나와 맞는 방식임을 알게 되었다. 글씨를 예쁘고 빠르게 쓰지 못하다 보니 컴퓨터에 키워드만 간단하게 적는 것이 좋았고, 언제든 내용을 추가하거나 수정할 수 있는 확장성이 있어서 개인 사업을 할 때도 많이 활용했다.

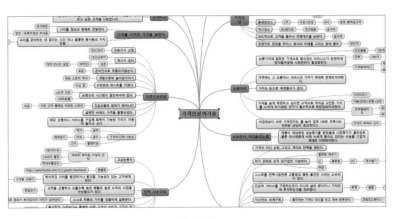

마인드맵

마인드맵 형식으로 정리하면 사고가 확장되고 자연스럽게 연상 암기도 할 수 있었다. 게다가 최근에는 알마인드 같은 프로그램이나 앱 등을 이용하여 더더욱 정리하기 좋은 환경이 되었다.

알마인드

에버노트는 수시로 메모처럼 내용을 정리하면서 이후에 주제별로 정리하게 되면 자연스럽게 나만의 참고서를 만들 수 있다는 장점이 있어 추천한다. 필자가 한의전에서 각 경혈의 주치나 다양한 한약재들의 방의를 정리할 때는 단편적으로 공부할 수밖에 없었는데 에버노트로 누적되어 분류하면 아주 잘 정리된 경혈학, 방제학 참고서를 만든 느낌이었다.

에버노트

∽ 필기도구들 ∽

예전에 고시 2차 서술형 시험이 있던 때에는 빠르게 써지면서 깔끔한 글씨체를 만들어주는 필기구에 관심이 대단했다. 신림동 고시촌 문구점에는 고가의 일본 볼펜들이 진열대를 차지하고 있었다. 합격 수기에는 참고서 만큼이나 합격자들이 쓴 펜들 또한 빠지지 않고 서술될 정도였다.

지금은 많은 필기량을 요구하는 시험들이 점차 사라지고 있다. 대면 수업도 잘 이루어지지 않으면서 컴퓨터로 하는 작업이 많아졌다. 상대적으로 필기구에 대한 수요는 줄어든 편이다. 하지만 나만의 노트를 정리하기 위해서는 잘 써지는 필기구가 필요하다.

서울대생들에게 많은 사랑을 받는 필기도구는 어떤 것들일까?

노트에 작은 글씨로 깔끔하게 정리하는 것이 좋다는 의견이 많았다. 제품으로는 일본 문구류가 가장 많은 추천을 받았다. 펜 굵기에는 개인적 차이가 있었다.

- signo dx 류: 정리 시 깔끔한 느낌을 받고 번지지 않아서 좋다.
- 제트스트림 펜류: 빠르고 깔끔하게 필기가 된다.
- 제트스트림 삼색 볼펜: 3가지 색으로만 노트를 항목별로 정리할 때 아주 유용하다.

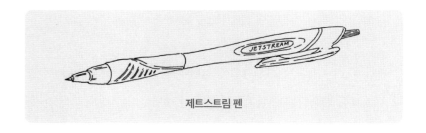

제트스트림 펜

∽ 추천 노트 유형 ∽

노트의 유형은 자신의 노트 정리 방식에 따라 선택하는 것이 달랐다. 아무리 좋은 교재가 있어도 사람마다 외워지는 것, 안 외워지는 것, 헷갈리는 것이 다르다. 한번 안 외워지면 계속 안 외워지고 한번 헷갈리는 것은 계속 헷갈린다. 시간을 최대한 아끼기 위해서는 자신이 모르는 것, 헷갈리는 것을 빨리 구별하여 시험 직전에 이런 것만 머릿속에 넣은 다음에 시험을 볼 때 딱 맞혀야 한다. 기존의 교재로 하면 자신이 아는 것까지 다 살펴봐야 해서 효율이 떨어지고 자신이 무엇을 모르고 무엇을 아는지에 대한 구분도 모호해진다. 그래서 교재가 좋더라도 자기 입맛에 맞는 정리 노트를 만들어야 한다.

❶ 바인더형

일반적으로 A4 사이즈가 호환이 잘 되서 편하다. 일반 노트보다 구멍 뚫린 속지가 좋은 이유는 자신이 확실하게 아는 부분을 빼내거나, 새로 추가해야 하는 내용을 적어서 중간중간에 추가하기 편하기 때문이다. 캠퍼스 라이프 스프링 노트처럼 용수철 형태의 스프링 노트도 좋지만 와이어링 방식이 고장도 적고 제거, 보충이 가장 용이하다.

특히 노트 필기는 A부터 Z까지 다 작성하려는 생각을 버려야 한다. 필기하는 시간이 너무 오래 걸리므로 키워드 중심으로 작성하는 것이 좋다. 자신이 가장 보기 편한 방식으로 A4용지 안에 단어들을 구조화시켜라. 그러면 시험을 볼 때 어디에 있는 단어인지 위치로 기억할 수 있다. 이런 방법은 특히 단순 암기 시험에 효과적이다.

이러한 방식에 추천할 만한 노트는 모닝글로리와 고쿠요 제품군이 있다.

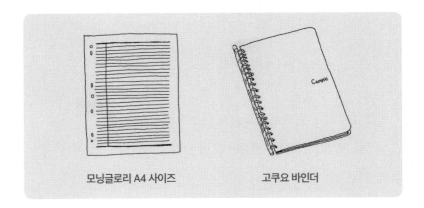

모닝글로리 A4 사이즈   고쿠요 바인더

❷ 코넬식 노트형

코넬식 노트의 효용성이 많이 입증되면서 다수의 교육기관 등에서도 노트 형식으로 코넬식을 도입하고 있다. 서울대생들도 코넬식 노트 기

록 방법과 노트 등을 애용하는 것으로 나타났다. 코넬식 노트 필기 방법은 인터넷 검색이나 유튜브 등에 자세히 나와 있으므로 한 번쯤은 익혀두고 써볼 만하다.

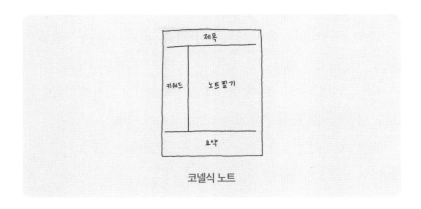

코넬식 노트

∽ 서울대생들의 노트 정리 꿀팁 ∽

• 개념서 한 권을 단권화 노트로 만들기.

노트를 따로 쓰는 것은 시간이 오래 걸려서 요약집을 단권화하여 노트로 만든다.

• 노트 정리할 때는 항상 면을 반으로 접어서 사용한다. 그편이 공간 활용도가 높고 보기도 좋고 쓰기도 간편하기 때문이다.

• 가급적 수업이나 인강 시간 내에 작성한다. 노트 정리하는 시간을 따로 만들지 않는다.

• 문장 들여쓰기를 하거나 목차 색상을 다르게 하여 가독성을 높인다.

• 키워드에는 형광펜을 칠하여 중요한 내용이 한눈에 들어오게 정리한다.

예를 들어, 검은색은 일반 노트, 파란색은 제목, 빨간색은 중요한 키워드로 한다. 암기 정도는 처음에 안 외워지는 것은 노란색, 2번째 안 외워지는 것은 파란색, 그 이상은 빨간색으로 표현한다. 그리고 기호를 사용하여 M(memorize)은 암기해야 할 것, E(exam)는 시험에 나오는 것으로 구분한다.

• 포스트잇 플래그를 활용하여 단권화 목록을 만든다.

• 펜 색깔은 3가지 이상 쓰지 않는다.

• 대제목, 소제목, 중요한 부분은 용도별로 펜의 색깔을 다르게 하면 나중에 한눈에 보인다.

• 우선 연습장 2권을 구입한다. 한 권은 학교 수업 시간에 필기하고 나중에 다 뜯어서 과목별로 묶으면 과목별 노트가 된다. 다른 한 권은 수학, 물리를 푼 흔적을 남겨둔다. 나중에 필요할 때 옛날 연습장을 펴면 내 풀이를 다 볼 수 있다.

• 노트 정리할 때 나중에 추가할 것을 생각해서 항상 여백을 많이 둔다.

• 전체 정리 노트와 휴대용 작은 요약 정리 노트를 따로 정리한다.

• 처음부터 노트 정리를 하지 않고 기본 교재를 몇 차례 회독 후 추려서 정리한다. 한 번에 완벽한 노트 정리를 할 수는 없다. 계속 채워나

가면서 점점 완벽한 노트 정리를 한다고 생각해야 한다.

∽ 앱을 활용하는 노트법 ∽

아이패드 유저는 노타빌리티를 가장 많이 이용하였다. 녹음 기능도 있어 다채로운 형식의 노트를 만들 수 있다는 장점이 있다.

노트 유저는 스캔앱 등을 가장 많이 사용하였는데, vFlat앱 등을 통하여 빠르게 스캔하고, OCR 기능을 이용하여 노트량이 많은 부분을 손쉽게 작성하는데 이용했다. 특히 사례 문제나 기출문제 등의 정리에는 스캔앱이 가장 많이 활용되고 있었다.

vFlat 스캔

13

마인드 관리 도구들

수험생은 단 한 번의 시험을 위해서 장기적으로 준비해야 한다. 수험 기간에는 공부하면서 체력적으로 많이 힘들고 정신적으로도 많이 지친다. 또한 불합격에 대한 불안과 공포를 이겨내기 위해서는 강인한 마인드도 필요하다.

중고등학교 때 머리가 좋고 성적이 뛰어난데 막상 실전에서는 무너지는 유리 멘탈을 가진 친구들이 있었다. 멘탈 트레이닝으로 강한 멘탈을 유지하면 좋겠지만 이것 또한 쉽지 않은 일이다. 필자는 젊을 때 다양한 시도를 하다 보니 많은 실패를 경험했다. 처음에는 실패하면 마음이 굉장히 괴로웠지만 실패가 거듭되면서 단 한 번의 실패가 인생을 완전히 망쳐 놓지는 않는다는 것을 깨달았다. 그리고 실패는 하나의 경험일 뿐이라는 것을 알게 되었다. 그래서 실패하더라도 점차 마음이 편안해졌고, 새로운 것에 도전할 때도 두려움을 극복할 수 있었다.

하지만 굳이 피할 수 있는 실패를 자주 경험할 필요는 없다. 빠른 합격이 빠른 성공은 아니지만, 수험 기간을 효율적으로 줄일 수 있다면 확보한 시간에 더욱 보람찬 일을 할 수도 있다.

∽ 감사일기를 쓴다 ∽

날마다 작은 성취감을 느끼면 불안감을 줄일 수 있다. 오늘의 작은 성취는 내일 이룰 성취를 기대하게 하고 긍정심리로 나아가게 해준다. 성취감을 잘 느낄 수 있도록 기댓값을 낮추어 놓는 훈련도 중요하다. 이러한 훈련은 일과를 마치고 감사일기를 쓰는 것이 큰 도움이 될 수 있다.

감사일기는 좋은 마인드를 훈련하는 아주 좋은 도구이다. 아프지 않고 건강한 것, 나에게 행복감을 준 커피 향기, 길에서 마주친 귀여운 고양이, 딴짓 안 하고 인강을 무사히 완강한 것, 저녁 메뉴로 나온 좋아하는 카레……. 아주 사소한 행복감과 성취감을 감사일기로 쓰면 미래에 대한 불안감보다는 현재의 행복이 감사해서 마음이 편해진다.

이것이 어느 정도 익숙해지면 나의 상황에 대한 거리 두기를 하는 것도 좋다. 대부분의 불안은 내가 너무 수험생 역할에만 몰두한 나머지 확대 해석을 한 결과다. 예를 들면 수능 한 번 실패한다고 해서 인생이 무너지지 않는다고 생각하는 것이다. 지금도 재수, 삼수를 하는 사람이 수두룩하다. 명문대 진학을 못 했어도 사회적으로 성공한 사람들은 무수히 많다. 대기업에 입사하지 못했다고 해서 고용이 불안한 것도 아니다. 십수 년간 준비해온 고시에 실패해서 중소기업으로 갔지만 그곳에서 승승장구하는 사람들도 많다. 혹은 창업하여 더욱 성장하는 사람도 너무나 많다.

필자도 서울대에 재학할 때, 졸업 직후에 항상 동기들과 무의식적으로 경쟁하다 보니 삶이 불안하고 그들만큼 잘나가지 못하면 실패자처럼 생각한 적이 많았다. 특히 필자의 삶을 벼랑 끝으로 몰아세웠던 심각한 공황장애를 치료하면서 느꼈던 것은 내가 너무 상황을 부정적으로 확대해석했다는 것이었다. 공황장애가 극심할 때는 비행기는 물론 버스, 택시도 사고가 날까 봐 탈 수가 없었고, 지하철 손잡이조차 전염성 환자가 혹시 만진 건 아닐까 의심하는 극도의 건강염려증까지 생겼다. 엘리베이터 폐쇄공포증 정도는 애교였다.

인지 치료의 핵심은 이러한 불안감이 정말 실제 상황과 부합하는지 계속 의도적으로 판단하면서 이성적인 판단을 할 수 있도록 돕는 것이다. 이것을 마인드 강화 방법에 응용해 볼 수 있다. 가령 취업 준비를 위한 토익 시험을 망쳤다고 가정해보자.

- 지원 시에 토익을 준비하지 않아도 되는 회사를 찾아본다.
- 토익 추가 시험 일정이 입사 전까지 가능한지 알아본다.

• 인사과에 토익 이외의 방법으로 영어 능력을 평가할 수 있는지 문의한다(외국계 기업에서는 실제로 입사 공고 외의 방법으로도 평가가 가능한 경우가 많았다).

• 상반기 취업은 놓쳤지만 그동안 시간을 알차게 보내서 오히려 하반기에 더 좋은 회사에 입사할 수도 있다.

이처럼 취업 준비를 위한 토익 시험을 망쳤지만 다양한 해결책과 차선책 등이 분명히 존재한다는 것을 알게 된다. 이러한 사실을 인지하는 순간 마음이 극도로 불안하지 않다.

필자가 긍정적인 스터디 그룹에서 함께 공부하라고 권하는 이유도 사회적 유대감이 불안감을 줄여주는 데 큰 역할을 한다는 점 때문이다. 대부분 우리가 느끼는 불안은 미지에 대한 공포감과 존재론적 고독감에서 유발한다. 따라서 혼자서 공부하는 것이 더 효율적이더라도 마인드 관리가 필요하다면 일부러 긍정적인 사고를 가진 구성원들과 어울리며 유대감을 느끼는 것이 좋다.

∽ 서울대생들의 마인드 관리 ∽

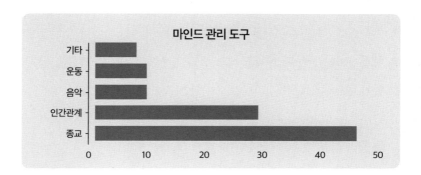

마인드 관리 도구

❶ 종교

열심히 종교 활동을 하는 학생도 있었고, 평소에는 적당히 종교 활동을 했지만 수험 기간에는 마인드 관리를 위해 성경을 읽거나 기도를 하는 학생도 있었다. 경전을 필사하거나 CCM이나 불경 같은 마음이 편안해지는 종교음악을 듣는 경우도 많았다.

마보 앱

❷ 인간관계

주변 지인들과 수다로 긴장을 풀고 수험 의지를 다잡는 경우가 많았다. 부모님에게 투정을 부리거나 이성 친구에게 하소연을 하면서 의존하기도 했다. 주변에 수험을 지원해주는 든든한 지인이 있다면 정말 좋은 방법이지만 만약 관계에 문제가 생길 경우에는 시험에 영향을 줄 수도 있기 때문에 적당한 거리감을 유지하는 것도 중요하다.

❸ 음악 감상

마인드 관리를 위해서 음악 감상을 한다는 서울대생들이 의외로 많았다. 공부하다 지치면 마음이 편안해지는 명상 음악이나 카페 음악, ASMR 등의 릴랙스 음악을 듣는다고 했다. 음악은 주로 유튜브에서 선곡하는 음악 플레이리스트를 선호하는 경향이 뚜렷했다. 종교음악이나 EDM 등을 들으며 정신적 피로를 풀어주는 경우도 많이 보였다. 특히 청각형들은 음악에 의존하는 경향성이 짙었다.

❹ 운동

스트레칭과 요가 등으로 근육을 이완하는 경우가 많았다. 부드러운 몸의 움직임에 집중하면서 마음의 긴장을 풀고 실제로 근육이 풀리면 마음도 편안해지는 효과를 얻었다.

에일린 요가

　　기타 답변들은 주로 길고 지루한 수험생활에 지치는 일상을 자신이 좋아하는 행동을 하면서 보상하는 개념으로 공부 의지를 다지는 것들이었다.

- 목표를 달성한 주말에는 좋아하는 디저트를 먹는다.
- 매일 이루고 싶은 목표를 글로 적고 다짐한다.
- 좋아하는 시를 읽는다.
- 매일 일기를 쓴다.
- 머리가 복잡할 때는 SNS를 하지 않는다.
- 가까운 곳으로 여행을 다녀와서 리셋한다.
- 좋아하는 아이돌 뮤비를 본다.
- 영화, 넷플릭스를 보면서 휴식한다.

∞ 서울대에 합격하는 가정 십계명 ∞

일본 드라마 중에 〈드래곤 사쿠라〉가 있다. 만화가 원작인 이 드라마는 일본 도쿄대 입시를 다루고 있는데, 대학 입시 정서가 우리와 유사한 점이 많아서 참고할 만하다. 이 드라마에는 '도쿄대 필승 합격법 가정 십계명'이란 것이 나온다. 지극히 평범한 가정생활이지만 이 십계명을 가족들이 함께 지킨다면 반드시 도쿄대에 합격한다고 단언하고 있다. 이 내용을 우리나라 상황에 맞게 필자가 각색해 보았다.

❶ 함께 아침 식사를 한다.

유대인들은 밥상머리 교육을 강조한다. 하루 식사 중에 아침 식사는 가장 중요하다. 아침에 좋은 영양소를 두뇌에 공급해야 온종일 컨디션과 집중력이 좋다. 또한 온 가족이 모여서 아침 식사를 함께한다는 것은 수험생활을 가족들이 지지해준다는 정서적인 의미가 있다.

❷ 집안일을 한 가지라도 한다.

고3 수험생이 있는 집안은 마치 살얼음을 걷는 분위기가 되기 쉽다. 온 가족의 생활 패턴은 고3 수험생에게 맞춰진다. 고3 수험생은 이것을 무언의 압박으로 느껴 더욱 스트레스를 받을 수도 있다. 비록 수험생이지만 사소한 집안일을 함께하는 것이 좋다. 예를 들어 수험생이 쓰레기 분리수거나 현관 청소 등의 간단한 집안일을 하면 일상을 소중히 여길 수 있다. 가족과 유대감을 계속 유지하고, 가족 구성원으로서 소소한 성취감도 느낄 수 있다. 이런 만족감은 슬럼프나 큰 감정의 동요 없이 수험 생활을 유지하는 데 도움이 된다.

❸ 적절하게 운동한다.

수험 기간에는 좋은 체력을 유지해야 한다. 운동하는 것이 습관이 안 돼서 귀찮아하는 학생은 부모가 격려하며 운동을 함께하거나, 운동하는 시간만큼은 수험 스트레스에서 벗어날 수 있도록 배려해주는 것이 반드시 필요하다. 운동 또한 수험 과목의 일부라고 생각해야 한다.

필자는 오래전에 있었던 체력장이 좋은 제도였다고 생각한다. 선진국이나 일본 같은 경우는 클럽에서 운동하는 것이 생활화되어 있지만, 우리나라의 경우는 운동은 운동선수만 하고 일반 학생들은 공부만 하는 문화로 나누어져 있는 것이 매우 아쉽다.

❹ 매일 같은 시간에 목욕한다.

일본은 목욕 문화가 발달했다. 우리나라 사람들은 대부분 샤워를 하지만 일본에서는 탕에 입수하는 목욕을 즐긴다. 목욕은 하루의 피로를 푸는 중요한 수단인 동시에 일정한 시간에 목욕을 하면 수험 기간의 리듬을 만들 수도 있다. 기상, 식사, 목욕, 취침은 우리의 일주기 리듬을 만드는 데 아주 핵심적인 요소다. 특히 일본식 목욕은 반신욕이 많은데 이는 체온 관리에 도움이 되면서 수승화강(水昇火降)을 잘 이루어주기 때문에, 집에 욕조가 있는 집이라면 일본식 목욕을 하는 것도 수험 체력을 유지하는 데 큰 도움이 될 것이다.

❺ 컨디션이 안 좋을 때는 무리하지 말고 쉰다.

수험 체력을 관리하는 것은 수험생만의 문제가 아니다. 수험생이 컨디션이 안 좋아서 집에서 쉬려고 해도 부모가 게으름을 피운다며 잔소리를 하기도 한다. 부모는 수험생의 몸 상태를 잘 파악해서 컨디션이 안 좋아 보일 때는 집에서 편하게 쉴 수 있도록 배려해야 한다. 또한 컨디션이 안 좋아 보이는데도 수험생이 무리하면서 공부하면 편하게 쉬고 몸 상태가 좋아진 다음에 하라고 말해 주어야 한다.

❻ 거실은 항상 정리해 놓는다.

우리의 뇌는 주변 환경에 영향을 받는다. 흔히 공부를 시작하기 전에 책상을 정리하라고 하는 이유는 뇌에 구조적인 지식을 흡수하기 위해서 들어오는 정보들의 정리가 필요하기 때문이다. 책상 정리는 뇌가 본격적으로 가동하기 전의 예열작업이라고 볼 수 있다. 특히 수험생이 있는 가정에서는 거실을 반듯하게 정리해 놓아야 한다. 거실이 어질러져 있으면 열심히 공부하고 온 수험생의 뇌 속의 정리 작업들이 환경에 영향을 받게 된다. 또한 거실이 어수선하면 왠지 소파에서 뒹굴뒹굴하며 TV를 보고 싶은 유혹에 빠질 수도 있다.

❼ 공부에 참견하지 않는다.

수험생에게는 공부 계획이 있다. 부모는 수험생이 도움을 요청하는 상황이 아니라면 공부에 참견하지 않는 것이 좋다. 섣부른 개입은 오히려 반발심을 일으키게 하고 공부 의욕과 집중도를 떨어뜨릴 수 있다. 서울대생들은 대부분 스스로 공부하는 것에 익숙하고 부모들도 수험생의 공부에 무관심할 정도의 거리감을 둔 경우가 대다수였다. 필자가 지도한 학생들도 부모가 사사건건 참견하면 대부분 좋은 성과를 이루지 못하거나 돌출 행동으로 이어졌다.

❽ 부모가 사이좋게 지낸다.

수험 기간에 정서적 안정은 매우 중요하다. 자녀들은 나이를 막론하고 부모가 자주 다투면 삶에서 불안을 느낀다. 평화로운 일상은 원만한 부부관계에서 비롯된다. 특히 수험생을 둔 부모는 수험 기간에 화목하게 지내는 것만으로도 큰 선물을 주는 것과 같다.

❾ 한 달에 한 번은 온 가족이 외식한다.

집안 경조사가 있어도 고3 수험생에게는 참여하지 않아도 된다고 말하는 가정이 많다. 공부에 집중하라는 배려의 의미이지만, 수험생에게는 압박감으로 다가올 수도 있다. 수험생에게는 심리적 안정감이 중요하다. 적어도 한 달에 한 번 정도는 홀가분한 마음으로 가족과 맛있는 음식을 먹고 정서적인 유대감을 쌓는 것이 좋다. 때로는 긴장을 풀어야 긴 수험 기간에 지혜롭게 공부할 수 있다.

⑩ 아빠의 역할이 중요하다.

요즘은 많이 변하긴 했지만 자녀의 공부에는 여전히 아빠보다는 엄마의 역할이 크다. 사회생활을 하는 아빠는 자녀와 보내는 시간이 충분치 않아서 의사소통에 많은 어려움을 느낀다. 수험생을 둔 아빠는 대부분 뒤로 물러나 있는 경우가 많은데, 수험생과 아빠의 정서적인 유대는 매우 중요하다. 이 십계명은 엄마 혼자의 노력만으로는 지킬 수가 없다. 아빠가 관심을 갖고 협력해야 좋은 성과를 이룰 수 있다.

5장

최적의 공부 컨디션을
유지하는 법

14

공부 컨디션은 수면 중 체온 관리에 달려 있다

팀 페리스의 《타이탄의 도구들》에서 가장 성공한 PPL 제품은 칠리패드(chilipad)일 것이다. 우리말로 바꾸면 냉온 매트라고 할 수 있다. 수면할 때 체온 관리가 잘 되어야 컨디션에 좋고 세계에서 성공한 사람들이 대부분 사용한다고 해서 한때 직구 열풍이 불기도 하였다. 이처럼 컨디션을 관리하려면 수면 중 체온 관리가 매우 중요하다.

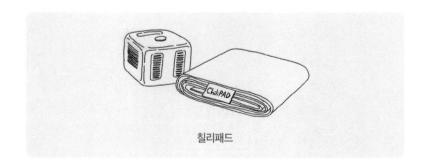

칠리패드

《황제내경》소문 사기조신대론편(四氣調神大論篇)에서는 계절에 따른 체온 조절로 일어나는 현상을 한의학적으로 밝히고 있다. 사계절의 기후에 맞추어 기(氣)를 고르게 하기 위해서는 생활을 조절해야 한다고 강조한다. 계절뿐만 아니라 하루 일과에서도 체온 조절은 매우 중요하다. 양기가 성한 낮에는 활동량이 많고 심부(深部) 체온이 올라가며 인지 기능이나 소변의 생성, 신경 세포에 작용하는 호르몬 카테콜아민(catecholamine)의 분비도 최고점을 이룬다. 음기가 성한 밤에는 체온이 떨어지고 멜라토닌을 생성하며 수면을 통해 에너지를 수렴해야 한다. 하지만 현대인들은 낮에는 활동이 적고 냉방기 등의 보편화로 차갑게 생활하고, 오히려 밤에 활동이 많아지고 있다. 이렇게 낮과 밤이 뒤바뀐 생활을 지속하니 건강이 좋을 리가 없다.

여기서 잠깐만!

제나 마치오키의 《면역의 힘》에서는 잠이 부족하면 면역계가 염증성 사이토카인을 이용하여 뇌에 수면 욕구를 전달하며, 수면 중에는 감염성 세균에 대한 면역 반응이 향상되고 회복이 촉진된다고 한다. 만약 잠이 계속 부족하거나 수면의 질이 떨어진다면 염증성 사이토카인이 증가하고 알레르기, 자가면역질환 같은 기저질환의 악화, 당뇨 전단계의 증가 등의 영향이 있다. 이렇듯 수면의 중요성은 아무리 강조해도 지나치지 않다.

정상적이고 건강한 수면 상태에서는 2단계 비렘수면 단계에서 서서히 심박수가 느려지고 체온이 떨어져야 한다. 만약 수면의 50%를 차지하는 비렘수면 상태에서 수면의 질이 떨어진다면 건강이나 컨디션에 나쁜 영향을 미칠 수밖에 없다. 잠을 잘 때 적당한 체온 유지가 수면의 질을 좌우한다.

밤에 잠을 잘 때는 체온을 낮게 유지하는 것이 중요하다. 그렇다고 온몸이 서늘한 상태일 필요는 없다. 한의학에서는 수승화강(水昇火降)이라고 해서 차가운 기운은 위로 올라가고 뜨거운 기운은 밑으로 내려가야 건강하다고 본다.

수승화강

인간은 생명을 가지고 태어나면 가장 뜨거운 기운이 밑에 있고 차가운 기운이 위에 있다. 자연은 본래 위에 있는 하늘의 태양이 가장 뜨겁고 아래에 있는 땅과 바다는 차가운 기운으로 되어 있는데, 인간은 그와 반대로 태어나면서 태극의 순환에너지를 만들게 되어 생명을 영위한다. 그러다가 나이가 들고 병이 들면 점점 열은 위로 오르고 차가운 기운은 아래로 내려가 수명을 다하고 죽음이 임박할 때는 결국 자연의 모습대로 음과 양이 다시 분리된다. 우리가 죽음을 '다시 (자연으로) 돌아가셨다'라고 표현하는 이유다.

우리 조상들은 건강 관리를 할 때 "머리는 차갑게 발은 따뜻하게"를 금과옥조로 여기셨다. 결국 건강 관리는 체온 관리가 핵심이다. 생명체로서 건강한 삶을 유지하고 장수를 누리고 싶다면 이러한 태극의 순환 에너지를 잘 유지해야 한다. 밤에 체온을 서늘하게 유지하더라도 발의 보온에는 신경을 쓰는 편이 좋다. 필자는 누구에게나 계절과 상관없이 포근한 수면 양말을 사용하기를 권한다. 순환이 잘 이루어지면 불면 같은 수면 장애도 잘 해결되기 때문이다.

∽ 수면 중에 서늘한 체온을 유지하는 방법 ∽

잠을 잘 때 서늘한 체온을 유지하기 위해서 꼭 칠리패드 같은 고가의 매트를 구매해야 할까? 그렇지 않다. 이미 우리 조상들은 경험적으로 알고 계셨는지 왕골 돗자리나 대나무 돗자리를 깔고 잠을 주무셨다. 또한 일반 가정에 하나씩은 있는 예단 이불은 푹신하기도 하지만 최적 수면 온도 18도를 잘 유지해 준다. 이런 돗자리나 전통 침구류를 매트리스 위에 깔거나 덮고 자면 쾌적하게 수면할 수 있다.

우리는 어느 순간부터 오래된 것은 낡고 도태되었다는 시간선 사고를 하게 되었다. 일부 몰지각한 사람들이 한의학의 가치에 대해 폄하할 때 쓰는 논리이기도 하다. 하지만 수많은 경험에서 나온 가치는 무시할 수 없는 힘을 가지고 있다.

수면에 문제가 있거나 학습 능률이 좋지 않다면 베개부터 왕골 베개로 바꿔 보자. 다음 날 집중력이 훨씬 좋아진 것을 느낄 수 있다. 할아버지, 할머니 집에서만 보았던 베개가 최적의 컨디션을 유지하는데 꼭 필요한 수면의 비밀 도구인 줄 꿈에도 생각지 못했을 것이다.

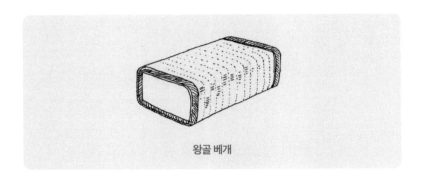

왕골 베개

∞ 수면에 안 좋은 블루라이트 ∞

수면 관리에 도움이 되는 도구들에는 또 무엇이 있을까?

요즘 여러 연구에서는 컴퓨터 모니터나 핸드폰 화면 등에서 노출되는 블루라이트가 수면에 악영향을 미친다는 결과를 내놓고 있다. 평소 안경을 착용하지 않더라도 인강을 오래 보거나 사무실에서 일할 때는 반드시 블루라이트를 차단하는 시력 보호 안경을 사용할 것을 추천한다. 블루라이트 차단 안경을 착용하는 것을 집중과 학습의 시작으로 앵커링하는 것도 좋은 방법이 될 수 있다. 앵커링 하는 방법은 NLP 관련 책들에 자세히 나와 있다. 특히 산모가 밤 시간대에 블루라이트에 많이 노출되면 태아의 DNA를 바꿀 수도 있다는 연구가 있는 만큼 여성들은 더욱 신경을 써야 할 듯하다.

블루라이트 차단 시력 보호 안경

생활에 편리하고 유용한 도구를 사용하는 습관으로 수면의 질을 바꿀 수 있다. 단지 일주일만 블루라이트를 피하거나 스크린을 사용하지 않아도 수면 패턴이 회복된다. 심부 온도를 낮추는 여러 도구를 구비할 여건이 안 된다면 잠자기 전에 따뜻한 차를 마시거나 미온수 샤워를 하는 것도 도움이 된다. 이제부터 잠자기 전에 체온부터 관리하자. 다음 날 아침 몸과 마음이 상쾌해지고 집중력도 향상될 것이다.

15

수험 체력을 기르는 운동

운동은 신체뿐만 아니라 정신력도 강화한다. 수험 기간에 운동은 더
더욱 중요하다. 하지만 필자는 운동을 좋아하는 편이 아니었다. 그러면
서도 가장 효율적인 운동이 무엇인지를 찾기 위해 운동 세미나에 참여
하고 무술 등을 배우려고 이곳저곳을 기웃거렸다. 대학 시절에는 기(氣)
수련에 심취해서 전통 무예나 내가권¹ 위주의 수련을 했고, 사회인이
돼서는 주말에 다양한 퍼스널 트레이닝 관련 세미나에도 참가했다. 그
중에서 시간과 장소의 제약이 없고 가장 간단하면서 체력 증강에 효과
적인 핵심 운동들을 소개하겠다.

---

1 내가권(內家拳)은 태극권, 형의권, 팔괘장 등을 가리키는 중국 무술 용어이다. 주로 강하고 빠른 속도로 수련
   하는 외가권과는 달리 내가권은 부드럽고 느린 속도로 수련하며, 내적인 기(氣)를 중요시한다.

∽ 내가신장 ∽

전통 무예 기천[2]에서 가장 중요한 동작이다. 인체의 중요한 부위를 꺾어서 역근을 한 상태로 서 있는 동작이기 때문에 인체의 주요 경혈에 강한 자극을 준다. 평소 운동하지 않는 사람은 3분도 하기 힘들 정도로 어려운 자세다. 기천에서는 2~3개월간 수련을 거쳐 '내가신장' 자세를 5분 이상 버틸 수 있어야만 기천인으로 입문할 수 있는 자격을 준다.

3~5분 정도 시간에 한 뼘 공간에서도 할 수 있는 운동 중 체력을 올리는데 이만한 운동이 없다. 필자는 기감을 느끼는 편인데 정자세로 5분 정도만 내가신장을 서더라도 온몸의 경맥이 타통(打通)[3]되어 활성화

---

2 기천은 민족선도의 큰 맥을 이어온 민족의 심신수련법이다. 기천문에 입문한 사람을 '기천인'이라 한다.
3 경락을 흐르는 기(氣)가 소통하게 하는 것

되는 듯한 느낌을 쉽게 받는다. 이 자세로 5분을 참는 행위 자체가 정신적 의지도 강하게 만드는 효과가 있다.

설명이 장황해 보이지만 한번 서보면 무슨 말인지 이해가 될 것이다. 오죽하면 아프리카TV에서 내가 신장 오래 서기 도전 등을 하겠는가? 짧은 시간에 어디에서나 할 수 있고, 체력과 정신을 동시에 기를 수 있는 운동으로 강력하게 추천한다. 자세를 서는 방법은 기천문 홈페이지(www.kichun.co.kr)나 유튜브에 나와 있다.

∽ 참장공 ∽

의자에 오래 앉아 있는 수험생은 하체나 코어 근육이 쉽게 무너질 수 있다. 짧은 시간에 편하게 할 수 있는 참장공을 추천한다. 특히 스탠딩형 책상을 사용할 때는 공부하면서 참장공으로 운동할 수 있다는 장점이 있다.

중국 무술에서는 기본공으로 참장공을 항상 강조한다. 하체를 단련하거나 몸의 코어 근육을 잡는데 아주 효과적인 자세다. 각 무술 문파에 따라 참장공 스타일이 다르다. 유튜브에서 참장공을 검색하면 많은 영상이 있는데 태극권 형식의 참장공으로 가볍게 따라해보자.

필자는 특히 대경참장공을 추천하고 싶다. 이는 세계적으로 유명한 유대경 씨가 정리한 참장공 방법이다. 몸을 쓰는 이치를 잘 아는 분이라

서 그의 책을 읽고 강의도 들었다. 하체 근력을 키우고 몸의 코어 근육을 바로잡고 싶은 사람은 참장공이 큰 도움이 될 것이다.

∽ 웅보 ∽

웅보(animal walk)는 동적인 수행법 중에서 체력뿐 아니라 정신력을 키우는데 가장 좋은 운동이다. 특히 목과 허리 디스크가 있다면 증상을 효과적으로 완화시켜 준다. 웅보는 10분 정도만 해도 땀이 비 오듯 하는 매우 힘든 운동이지만 필요한 운동량을 충분히 달성할 수 있다. 운동 도구가 따로 필요 없고 그저 목장갑을 끼고 공터를 돌면 된다. 필자도 대학로에서 팔궤장 수련 모임이나 서울대 입구에서 태극매화당랑권을 배울 때 웅보를 했다. 최근에는 무술로 배울 수 있는 곳이 많지 않다. 다

행히 펑셔널 무브먼트 식 운동에서 animal walk라고 해서 다양한 동물의 모습을 묘사하여 운동하고 있고, 이에 대한 세미나도 많이 열리고 있다. 한병철, 한병기가 쓴 《시크릿 트레이닝》에 웅보에 관한 설명이 잘 나와 있다.

인간은 손을 사용하면서 네 발로 걷기를 포기하고 직립을 했는데 그 이후로 척추 질환에서 벗어나지 못한다. 웅보를 하면 척추가 강력해지고 코어의 힘도 얻게 된다. 특히 수험생은 체력을 키우기 위해서 웅보를 꼭 해보라고 강력하게 권한다.

∞ 108배 ∞

108배 수행법은 한때 붐이 일었다. 워낙 좋은 운동이고 많이 알려져

서 그 효용에 관해서 자세히 설명하지는 않겠다. 유튜브에 좋은 자료들이 많이 있으니 참고해보자.

108배를 하면서 긍정 확언을 반복해서 말하면 마인드 강화에도 도움이 된다. 앞에서 소개한 운동법보다는 운동 강도가 강한 편이 아니므로 체력이 매우 약하다면 108배부터 하는 것이 좋다. 무릎관절이 약한 사람은 푹신한 절 방석을 사용하거나 무리가 되지 않는 다른 운동을 추천한다.

∽ 호흡 수련 ∽

이 호흡법은 팀 페리스가 《타이탄의 도구들》에서 소개했다. 유튜브에 빔 호프의 호흡법(Wim Hof Method)이 잘 나와 있다. 앱으로 루틴을 쉽게 따라 할 수도 있다.

　이 호흡법은 짧은 시간에 체내의 산소를 가득 채울 수 있기에 머리가 금방 시원해지는 느낌을 받는다. 장시간 공부를 하여 지쳐있는 뇌에 산소를 공급해준다. 움직이는 것조차 너무 싫다면 말 그대로 숨쉬기 운동인 이 호흡 수련을 추천한다.

　서울대생들은 체력 증강을 위해서 어떤 운동을 하고 있을까? 설문조사를 해본 결과 특별한 유형의 운동법은 없었고 자신의 스타일에 맞게 운동했다. 가볍게 산책한다는 대답이 많았고, 링피트를 이용하여 스트레스를 풀며 즐겁게 운동하거나, 폼롤러, 마시지볼, 안마봉 등으로 근막을 이완시켜 주는 스트레칭 위주로 하는 학생들도 꽤 많았다. 등산, 자전거 타기 등 수험 환경을 벗어나 기분 전환을 하면서 동시에 체력도 키울 수 있는 운동도 많이 했다.

　수험 기간에 갑자기 운동량을 늘리거나 PT를 끊는 것은 몸의 항상성을 깨뜨릴 수 있다. 평소 즐기던 운동을 꾸준히 하거나, 가볍게 근육을 풀어주는 스트레칭이나 가벼운 걷기 운동 정도가 가장 무난하다. 체력이 약해서 앉아서 공부하는 것이 힘들다면 필자가 추천한 운동을 하나 정도는 시도해 보길 바란다. 평생 건강한 습관을 기를 수 있을 것이다.

∽ 상위권 대학에 여학생이 많아진 이유 ∽

여학생은 남학생보다 공부를 잘하는가? 단순히 젠더 문제가 아닌 수험적인 면에서 분석해 본다면 여학생이 남학생보다 공부를 잘한다고 단언할 수는 없다. 예전과 비교할 때 의치한(醫齒韓) 혹은 상위권 대학에 여학생의 분포 비율이 많아졌을 뿐 절대적으로 여학생들이 우위를 차지하고 있는 것은 아니다. 전체 비율에서는 남학생들에 비해 여학생들의 학업 성취율이 높으나 서울대 등의 상위권 대학의 분포에서는 아직도 남학생들이 많다.

2010~2019 서울대 수시 최초합격자 남녀 성비 비교

수시	2010	2011	2012	2013	2014	2015	2016	2017	2018	2019
남(%)	57.5	60.5	61.9	59.7	56.9	56.6	55.1	53.2	54.4	55.2
여(%)	42.5	39.5	38.1	40.3	43.1	43.4	44.9	46.8	45.6	44.8

2010~2019 서울대 정시 최초합격자 남녀 성비 비교

정시	2010	2011	2012	2013	2014	2015	2016	2017	2018	2019
남(%)	64.1	65.6	69.2	70.5	67.5	68.9	68.8	70.9	73.0	75.6
여(%)	35.9	34.4	30.8	29.5	32.5	31.1	31.2	29.1	27.0	24.4

2010~2019 서울대 전체(수시+정시) 최초합격자 남녀 성비 비교

전체	2010	2011	2012	2013	2014	2015	2016	2017	2018	2019
남(%)	60.2	62.5	64.9	61.9	59.0	60.1	58.9	58.2	59.1	60.6
여(%)	39.8	37.5	35.1	38.1	41.0	39.9	41.1	41.8	40.9	39.4

상위권 대학에 아직도 여학생보다 남학생이 많은 이유는 무엇일까?

필자는 체력 때문이라고 생각한다. 한때 고승덕 공부법으로 알려진 것이 있다. 그 방법은 17시간 공부, 1시간 휴식, 6시간 수면하는 것이다. 체력이 없으면 버틸 수 없는 방식이다. 공부에서는 단순 무식하지만 이것만큼 확실한 방법도 없다.

여학생들은 남학생들에 비해서 상대적으로 체력이 부족한 편이다. 하지만 많은 여학생이 체력적 단점을 보강하기 위해서 스스로 컨디션을 관리하고 건강에 신경을 많이 쓴다. 부모님과 함께 한의원에 상담하러 오는 학생들을 살펴보면 여학생의 경우는 부모님께 보약을 먹고 싶다고 졸라서 오는 유형이 거의 대부분이고, 남학생의 경우는 부모님이 억지로 끌고 오다시피 한다.

그렇다면 체력 좋은 남학생들이 성적이 낮은 이유는 무엇일까? 남학생들은 집중력이 떨어지는 경우가 많다. 게임, 운동, 이성 친구 등으로 관심이 분산된 남학생들에게는 체력을 보강하기보다는 심신을 안정시켜 주는 첩약(貼藥)이 가장 효과적이다. 일반적인 건기식 접근법인 보양 한약은 오히려 남학생들을 들뜨게 하여 공부에 집중을 못 하게 만든다.

여학생들의 경우는 머리의 정수를 만드는 주요한 성분인 혈액이 월경을 하면서 손실될 수밖에 없기 때문에 좋은 섭생은 필수이다. 최근에 의치한(醫齒韓) 혹은 상위권 대학에서 여학생들이 강세를 보이는 것은 부모님들이 풍요로운 먹거리와 보약을 아낌없이 지원하고, 여학생 스스로 컨디션을 관리하며 건강에 신경을 많이 쓰기 때문이다.

최상위권의 남학생들의 경우는 정신적으로 안정을 이루고 있고 수험 체력이 여학생들에 비해 뛰어나므로 아직까지 좋은 성과를 내는 것으로 보인다. 민감한 이야기일 수도 있으나 수험에서는 체력적인 면을 간과할 수 없다.

16

누트로픽이란 무엇인가?

필자는 영화 〈리미트리스(Limitless)〉를 아주 인상적으로 보았다. 알약 하나로 뇌의 기능이 100% 가동되어 신체를 제어하고 심지어 심리적 사회공학까지 가능하여 평범한 사람의 인생이 하루아침에 바뀌는 흥미진진한 이야기이다. 보통의 영화에서는 약은 한시적 효과일 뿐이고 자연스러운 것이 좋다는 결론이 많은데, 이 영화는 약을 계속 복용하여 더욱 성장할 수 있다는 여지를 남긴다.

뇌의 기능이 좋아지는 약

국내에서는 방탄 커피의 등장으로 브레인 해킹, 라이프 해킹이라는 개념이 소개되었는데, 이 영화가 나온 이후 외국 블로그 사이트인 래딧(raddit)에서는 누트로픽이라고 하는 제품군들의 리뷰와 정보 공유가 아주 활발하게 이루어졌다.

누트로픽(nootropic)은 그리스어 'nous(마음)'와 'tropein(구부리다, 회전하다)'에서 파생되었다. 이 용어는 최근에 유행하였지만 이미 루마니아의 화학자이자 심리학자인 코르넬리우 쥬르지아(Corneliu Giurgea) 박사가 1960년대 중반부터 언급한 것이다. 그는 몇 가지 누트로픽의 특정 조건을 설명하였다.

- 기억력 향상
- 불리한 조건에서 행동 개선
- 물리적 또는 화학적 수단으로 뇌를 손상하는 것으로부터의 보호
- 뇌의 피질 및 피질하 조절 메커니즘 개선
- 낮은 독성 및 부작용 입증

그러나 지금은 정신 능력에 긍정적인 영향을 미칠 수 있는 천연 또는 합성 물질을 지칭하는 데 사용되고 있다. 일반적으로 이러한 누트로픽은 식이 보조제, 합성 화합물 및 처방 약의 3가지 일반적인 범주로 나뉘고 있다.

∞ 학습과 기억력 향상에 좋은 제품의 안전성 문제 ∞

시험에 합격하기를 희망하는 학생, 승진을 위해 노력하는 바쁜 직장인, 치매를 걱정하는 노인이 알약 하나만 먹으면 두뇌 능력이 100% 가동된다면? 이보다 더 매력적인 것은 없다. 과연 이러한 약물은 얼마나 효과적이고 또 안전한 것인가에 대한 관심이 고조되고 있다.

모다피닐

가장 유명한 누트로픽 약품으로는 모다피닐(Modafinil)이 있다. 원래 기면증, 수면 무호흡증, 교대근무 장애 등을 치료하기 위해 FDA 승인을 받았지만 건강한 사람의 학습과 기억력에도 도움이 될 수 있다는 연구 결과도 있다. 이 약이 성적을 올려주는 약으로 둔갑하면서, 실제로 수능 수험 시즌에는 대치동 신경정신과에서 모다피닐 처방량이 늘어나는 기이한 현상을 일으키기도 했다. 모다피닐은 다른 종류의 자극제보다 안전해 보이기는 하지만 더 많은 연구가 필요하다.

ADHD를 치료한다는 리탈린(Ritalin)이나 애드럴(Adderall)도 한때 유행했다. 하지만 부작용이 많아 지금은 모다피닐이나 그와 유사한 화학구조의 아모다피닐(Armodafinil) 등이 인기를 얻고 있으며, 외국 인터넷 사이트에서는 인도에서 제조되는 제네릭 약들이 공공연히 판매되고 있다. 또한 의약품인 모다피닐 이외에도 다양한 누트로픽이라고 불리는 식이 보조제 제품들이 개발되어 아마존에서 불티나게 팔리고 있다. 외국의 많은 대학생들이 이런 종류의 약을 불법 혹은 합법으로 이용하면서, 단기적으로는 도움이 되는 것처럼 보이지만 심각한 부작용도 낳고 있다. 예를 들어 불면증, 흐릿해지는 시력, 고혈압, 빠른 심박수, 혈액순환 문제, 중독 등을 호소하고 있다.

FDA에서 특별히 승인된 약물이나 시중에서 파는 제품에 대해서 외국 전문가들은 대체로 부정적인 의견을 내놓고 있다. 아직 그것들이 도움이 된다는 강력한 증거가 없고 안전상의 문제도 보장되지 않았다는 것이 공통된 의견이다.

∽ 두뇌 활성에 도움이 되는 건강기능식품 ∽

우리가 흔히 마시는 커피 등의 카페인 음료나 드링크류도 큰 범위에서 보면 누트로픽이라고 할 수 있다. 극단적으로 말하면 카페인은 세계에서 가장 널리 소비되는 향정신성 물질이다. 카페인은 뇌의 아데노신 수용체를 차단하여 피로감을 덜어주면서 주의력을 높이고 반응 시간을 줄이는 자연 발생 화학 물질이라고도 볼 수 있다.

이와 비슷하게 차에 포함된 성분인 L-테아닌 또한 자연 발생 아미노산이지만 카페인처럼 보충제로 복용할 수도 있다. 여러 연구에서 L-테아닌을 복용하면 졸음을 일으키지 않고 진정 효과가 있음이 밝혀졌다. 래딧의 리뷰를 보면 L-테아닌과 카페인을 함께 복용하는 것이 효과적이라면서 추천하는 경우가 많았다.

여기서 잠깐만!

인터넷에 '두뇌 활성제'를 검색했을 때 쏟아져 나오는 제품군 중에서 CDP-콜린[1], 크레아틴 모노하이드레이트[2], 바코파몬니에리(Bacopa Monnieri)[3], 휴파진 A[4], 빈포세틴[5] 등과 같은 제품들도 주변에서 쉽게 구할 수 있는 누트로픽이라고 볼 수 있다. 하지만 이러한 것들 중에 건강기능식품으로 통관이 안 되는 제품들도 있으니 해외에서 구매할 경우에는 주의가 필요하다.

신체의 심한 스트레스로 인한 체력 저하를 보강할 때는 홍경천과 더

---

1 유럽에서 종종 약물로써 처방되는 CDP-콜린은 기억력에 도움을 주는 것으로 나타났다.
2 헬스 보충제에서 자주 보이는 크레아틴은 근육량을 증가시키는 데 도움을 준다. 크레아틴은 뇌로 들어가서는 인산염과 결합하여 뇌가 세포에 빠르게 연료를 공급하는 데 사용하는 분자를 생성한다. 여러 연구에서는 건강한 사람들의 추론 능력과 단기기억력을 향상시킬 수 있다고 한다.
3 전통적인 인도 아유르베딕 허브인 바코파몬니에리(브라미)는 산화 스트레스로부터 뇌를 보호하고 기억이 처리되는 뇌 영역인 해마의 신호 전달을 개선하는 bacosides라는 활성 화합물이 포함되어 있어 신경 세포 활성화에 도움이 된다고 한다.
4 중국의 석송 추출물에서 만들어진 것으로 아세틴콜린의 파괴를 막아서 알츠하이머 환자에게 효능이 있다고 알려져 있다.
5 빙카의 꽃에서 추출한 성분으로 뇌의 혈류를 증가시켜 두뇌활동을 활성화한다고 알려져 있다.

불어 인삼이 외국에서도 주목을 많이 받는다. 특히 고려 인삼의 효과는 이미 잘 알려져 있다. 인삼을 복용하면 뇌의 피로를 줄이고 수학 문제와 같은 어려운 작업의 수행 능력을 크게 향상시킨다. 산화 스트레스로부터 뇌를 보호하고 기능을 향상시키는 데 도움이 되는 강력한 항염증 효과로 인한 것으로 추정하고 있다.

니코틴 또한 주의력 향상 및 필기 속도와 같은 운동기능 향상에 도움이 된다고 알려져 있다. 흡연자들은 주의력이 필요할 때 흡연 양을 늘리거나, 니코틴 껌을 씹으며 섭취하거나, 니코틴 패치를 통해 흡수할 수도 있지만, 흡연은 많은 폐해가 있고 중독성이 있으므로 주의해야 한다.

주로 래딧 포럼 등에서 논의되거나 유튜브에서 경험담이 올라오는 누트로픽 제품들은 합성 화합물로 구성된 신 성분들이 많다. 피라세탐(Piracetam)이나 설부티아민(Sulbutiamine), 누펩(Noopept), 페닐피라세탐(Phenylpiracetam) 같은 것들은 구소련에서 우주인 실험 등의 목적으로 실험실에서 개발된 제품들이다. 이러한 제품들은 약간의 동물 연구와 임상 연구가 있긴 하지만 아직까지 두뇌활성제로서의 뚜렷한 근거가 매우 부족한 편이다. 여타 누트로픽 제품들도 이러한 성분 등을 조합하여 누트로픽이라는 이름으로 다양하게 마케팅을 하는 것이 보인다.

하지만 이런 약들은 그냥 경험적으로 복용되고 있을 뿐 아직도 정확한 기전이나 그 부작용에 대해서는 아무도 보장할 수 없다. 또한 법적으

래딧(reddit)

로 금지된 성분들이 포함된 경우가 많아서 주의가 필요하다. 인터넷이나 건강기능식품으로 쉽게 구입할 수 있기에 오남용의 우려도 크다. 이러한 누트로픽은 한번 효과를 보면 중독성과 의존성이 강해지기 때문에 더욱 주의해야 한다.

인간은 알약 하나로 모든 것을 해결하려는 욕구가 있다. 두뇌뿐만 아니라 다이어트 분야에서도 꿈의 알약을 찾기 위해 수많은 제약사들이 연구를 거듭하고 있지만 확실한 것은 아직까지 없고 수많은 부작용만 확인하였다. 인간의 두뇌 활성화를 위한 욕망은 고대에 은행잎을 이용하거나 코카잎을 이용하였던 것을 보더라도 끝없이 추구할 것이고 앞으로도 그러할 것이다.

17

공부하는 동안
무엇을 먹을까?

앞에서 기억에 관한 이야기를 했다. 기억의 두 과정이 중요한데, 단기기억에서 장기기억으로 저장하는 공고화 과정과 장기기억 인출이 바로 그것이다. 특히 공고화 과정은 섭생 즉 먹고 마시는 것이 매우 중요하다.

수험 체력은 크게 두 가지로 나눌 수 있다. 첫째는 학습에 필요한 뇌의 활동을 도와주는 영양소이고, 둘째는 공부를 할 때 몸이 버틸 수 있는 신체적 체력이다. 뇌의 영양에 관한 부분은 앞에서 이야기했다. 이장에서는 신체적 체력에 관하여 집중적으로 이야기해보자.

오래전에 신림동 고시촌에는 체력을 올려준다는 여러 앰플로 된 약들이 있었다. 2차 시험이 거의 일주일 동안 시험을 보는 장기 레이스이다 보니 평소에 체력이 좋아서 약을 거의 안 먹던 고시생들도 그 기간에는 앰플이나 보약 등을 먹으며 버티곤 하였다. 하지만 그러한 약들의 대부분은 스태미너 즉 원기 증강용으로 나온 것이어서 남학생들은 오히려 약을 먹고 집중력을 잃기도 했다. "밥이 보약이다."라는 말은 상투적이긴 하지만 본질적인 문제다. 한의학에서는 식약동원(食藥同源)이라 하여 '음식은 약과 그 뿌리가 같다.'라고 했다. 식이요법을 약물요법만큼이나 중시해온 전통이 있다.

∽ 식이 리듬을 일정하게 유지한다 ∽

우선 식사의 본질에 관하여 생각해보자. 식사의 본질은 영양학적으로 당과 단백질의 공급으로 볼 수 있다. 기억의 공고화 과정은 부호화된 기억을 단백질화하는 과정이다. 이 과정에 충분한 당과 단백질이 필요한데, 당연히 식욕이 떨어져 있거나 영양 상태가 좋지 않다면 이 부분에 악영향을 미칠 수밖에 없다. 다이어트나 소화가 안 된다는 이유로 수험 기간에 식사량을 적절히 지키지 않으면 공부하는 데 큰 지장을 초래할 수 있다.

공부하는 것은 당을 소모하는 과정이라 당이 떨어지면 의지력이 고갈된다. 자아 고갈과 의지력 고갈로 알려진 유명한 연구인 로이 바우마이스터(Roy Baumeister)의 실험에서 포도당을 섭취한 경우에 자기 억

제를 더 잘하는 것을 발견하였다. 이 연구에서 재미있는 것은 식사 시간
이 가까워질수록 가석방 심사는 대충 이루어졌다고 한다.

우리의 뇌는 리듬을 좋아한다. 따라서 리듬에 맞춘 당과 단백질의 섭
취가 뇌의 리듬을 활발하게 한다. 우리 몸은 크게 두 가지의 리듬으로
움직이는데 앞서 수면에서 살펴본 것처럼 시교차상핵(SCN)의 멜로놉
신에 의해 지각되는 빛에 의한 일주기 리듬과 식이 리듬을 통해 간, 위
장관, 신장 등의 리듬이 형성된다. 이것은 단순히 리듬의 문제가 아니라
각 장기의 유전자 발현에 의해서 조절이 되는 것이다. 따라서 뇌가 좋
아하는 방식은 잘 때 자고, 일어날 때 일어나서 정상적인 일주기 리듬
을 유지하는 것과 식사도 제때에 먹고, 소화시킬 시간에는 소화에, 휴
식을 취해야 하는 시간에는 휴식을 취해야 뇌가 좋아하는 리듬을 만들
수 있다.

수험 기간에는 반드시 식사를 주기적으로 해야 한다. 먹는 양과 음식
은 매번 조절할 수 있지만 먹는 주기는 일정하게 하는 것이 중요하다.

∞ 야식은 식사 주기 리듬을 깬다 ∞

뇌는 편식주의자다. 식사의 핵심은 당과 단백질이 풍부한 음식을 주
기적으로 먹는 것이다. 당이 들어간다고 해서 꼭 살이 찌는 것은 아니

다. 그 양이 많이 필요하지 않을 뿐더러 좋은 당을 먹으면 살도 안 찌고 뇌가 좋아한다. 꿀 같은 것이 그러하다.

뇌를 교란하는 영양제에 의존하지 말고 삼시 세끼를 챙겨 먹는 것이 가장 좋다. 식사 주기를 맞추기 어렵다면 밥터디 등으로 강제화하는 시스템을 만드는 것도 필요하다.

특히 식사 주기 리듬을 깨는 야식은 체력은 물론 다음 날 기분까지 떨어뜨려 마인드 관리가 중요한 수험 기간에 악영향을 미친다. 살이 찌는 것은 부수적인 문제이다. 그렇다면 야식은 어떻게 줄일 수 있을까?

선 영의 《무조건 달라진다》에서는 작은 목표를 달성하는 반복의 힘을 이야기하고 있다. 우리는 목표를 너무 이상적으로 잡아서 쉽게 공포감을 계속 학습하는 경우가 많다. 습관화되어 있는 것에 변화를 주려고 하면 뇌는 불안과 공포 상황으로 받아들인다. 때문에 뇌를 달래가면서 습관을 만들어야 하고 그 과정 중에는 야식을 먹고 싶게 만드는 외부 신호를 철저히 차단해야 한다. 코로나19로 인하여 식당 이용이 어렵게 된 이유도 있지만, 야식업체와 배달업체들이 성행하게 된 것은 이러한 외부 신호를 전달하는 채널이 급증했기 때문이다. TV를 켜면 수많은 미식 프로그램을 방송하고 유튜브에서는 먹방 채널들이 인기를 끌고 있다. 야식을 줄이고자 마음을 먹었다면 철저하게 이러한 외부 신호를 차단해야 한다. 서울대생들은 유튜브를 자기개발 측면에서 긍정적으로 활용하는 경우도 많았지만, 자신의 의지가 약하다는 생각이 들면 SNS나 유튜브를 차단하는 프로그램을 설치하기도 했다.

∽ 서울대생들이 먹는 건강보조식품 ∽

당과 단백질이 풍부한 주기적인 식사가 가장 좋은 에너지 공급이다. 특히 수험 기간에는 에너지 소모가 많아서 건강보조식품으로 추가적인 관리를 해주는 것도 좋다. 식사와 함께 추가로 먹으면 좋은 것은 무엇이 있을까?

아이들은 포화지방이 뇌 성장에 영향을 주므로 적당량의 포화지방 섭취를 하는 것이 좋다. 하지만 성인은 그러한 채널이 차단되어 먹어도 체내 저장만 할 뿐이므로 불포화지방산 위주의 식단 즉 오메가6:오메가3의 비율인 2:1 정도의 비율을 유지하는 것이 좋다. 오메가는 동물 추출물이 아닌 사차인치 등의 식물성 제품들도 있으니 적절히 복용하면 수험 기간의 뇌 건강에 도움이 될 것이다.

여기서 잠깐만!

뇌는 글루코스를 직접 에너지원으로 쓰거나 아미노산 수송 시 활용하기 때문에 적절한 양질의 글루코스 섭취는 꼭 필요하다. 트립토판, 티로신이 뇌에서 가장 활용도가 높은 아미노산이므로 그와 관련된 식이요법을 잘 지키는 것이 뇌 건강에 도움이 된다. 이러한 것들은 적절한 양의 과일이나 우유, 치즈, 버터 등을 먹는 것으로도 충분히 보충할 수 있다.

서울대생들이 식사 이외에 어떤 보충제를 먹으며 체력을 보충했는지 살펴보겠다.

❶ 홍삼류: 특별히 체질을 따지지 않는 경우에 흔하게 구할 수 있는 홍삼을 복용했다. 하지만 홍삼의 본질은 인삼이기에 자신의 체질에 맞지 않으면 부작용이 있을 수 있으니 가급적 전문가의 진단을 받고 복용하는 것이 좋다.

❷ 비타민류(임팩타민, 비맥스류, 센트룸, 글루콤), 발포 비타민: 피로 회복에 도움이 되는 비타민 B가 많이 함유된 것을 복용했다. 인터넷 검색이나 지인, 약사의 추천으로 비타민을 선택했다.

❸ 한약(공진단, 경옥고, 맞춤 보약): 한방치료를 받으면서 좋은 느낌이 있었거나 혹은 부모님의 추천으로 한약을 먹는 경우가 많았다. 한 번이라도 한방치료를 받았다면 한약에 대한 신뢰도와 지속력이 좋은 편이었다.

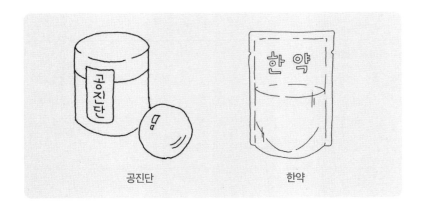

공진단   한약

❹ 고기(삼계탕, 장어): 체력이 떨어질 때 자신들이 선호하는 일명 보양식이라고 부르는 음식들을 먹는 경우도 다수였다. 특별식으로 삼계탕

이나 소고기, 장어구이 등을 먹는다고 하였다.

❺ 건강즙: 인터넷 등에서 유행하거나 쉽게 구입할 수 있는 건강즙을 상시 복용하는 학생도 있었다. 식품류는 기능 및 효과를 표시할 수 없기 때문에 TV나 블로그 광고 등에서 보고 건강즙을 주로 구입한다고 했다.

여기서 잠깐만!

한의학에서는 수험생들이 정신활동을 주관하는 심장과 영양을 공급하는 비장의 기운을 많이 쓴다고 본다. 따라서 대다수가 심비허손(心·脾 虛·損)의 상태에 빠지기 쉽다. 그래서 수험생은 계속 피곤하다. 대표적인 수험 보약으로 알려진 방제들은 양심건비(養心·健脾) 즉 심장을 보하고 비장을 건강하게 하는 구성이 많다. 한의학에서 심장은 정신을 안정시키고 맑게 하는 작용을 하는 기관이기에, 이 보약은 뇌를 맑게 해주고 집중력을 길러주는 역할을 한다. 그런데 일부 수험 보약으로 알려진 처방들은 수험생의 체질에 맞는 변증이 있어야 하는데 보양약재의 비율이 높다. 이런 경우에는 수험생들의 기운이 잘못된 곳으로 솟구치게 해서 머리가 아프거나 집중력을 흩트리기도 한다. 전문가의 진단을 거쳐 자신의 증상에 맞는 처방을 받는 것이 도움이 된다.

∽ 뇌가 진짜 좋아하는 엿 ∽

수험을 준비할 때는 당연히 뇌가 가장 필요로 하는 영양분을 쉽게 채우는 것이 효율적이다. 거기에다 단맛이라면 먹기에도 좋다. 그렇다면 뇌가 가장 좋아하는 당은 어떤 당일까?

설탕은 거의 수크로스(sucrose)이므로 체내에서 쉽게 흡수된다. 흡

수되면 포도당과 과당으로 분해된 다음 주로 열량원으로 사용된다. 피로할 때 설탕을 먹으면 혈당을 보충하여 칼로리원이 되므로 기운이 빨리 회복된다. 하지만 설탕은 여러 가지 문제점을 안고 있다. 설탕이 대사되는 과정에서 엄청난 비타민 B_1을 소비시킨다. 비타민 B_1은 체내에 축적되지 않기 때문에 항상 부족한 편이다. 비타민 B_1이 모자라면 괜히 불안해지고 초조해지기 때문에 수험 마인드 관리에도 악영향을 미치며 인내력이나 지구력도 떨어뜨린다.

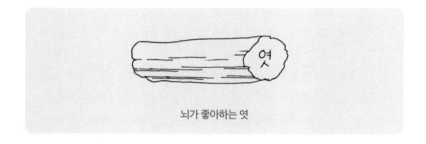

뇌가 좋아하는 엿

우리 선조들은 정말 중요한 시험을 앞둔 수험생에게 엿을 먹였다. 예전에는 대입시험을 치르는 날에 학부모들이 학교 정문에 엿을 붙이고 기도하는 모습을 심심치 않게 볼 수 있었다. 왜 엿일까?

곡물을 당화시켜 만드는 조청은 영양성분이 제대로 균형 잡힌 훌륭한 전통 감미료이다. 조청은 단순한 식품이 아니다. 한방에서는 어린아이가 밤낮이 바뀐 경우나 소아 중증 변비에 교이라는 약재로 소건중탕을 만드는데 이때 조청을 주로 쓴다. 조청은 한방약재로 들어갈 만큼 영양성분이 우수하다. 조청에는 곡류의 다양한 영양물질이 녹아 있고, 발효와 유사한 당화과정을 거쳤으므로 건강에도 더없이 좋으며 게다가 뇌가 좋아하는 단맛이다.

예로부터 과거 공부를 하는 집에서는 "엿 고는 단내가 난다."라고 말했다. 엿(조청)은 에너지를 보충하고, 진액을 충만케 하며, 발육을 돕고, 호흡기를 부드럽게 해주며, 복부를 편하게 해주므로 수험생들에게 매우 좋은 보충제이다. 이제 엿 대신 초콜릿을 주는 문화에 대해서 다시 한번 생각해 봐야 한다. 전통방식으로 만든 쌀조청을 따뜻한 물에 풀어서 한 숟갈씩 먹는다면 당 보충이 필요할 때 뇌가 가장 좋아하는 당 보충 식품이 될 것이다.

∞ 간편식처럼 먹을 수 있는 처방 ∞

《동의보감》에 '구선왕도고(九仙王道糕)'라는 처방이 나온다. 시루떡처럼 쪄서 공복에 식사 대용으로 먹는 것이다.

> 연육, 산약, 백복령, 율무 각 160g, 맥아, 백편두, 감인 각 80g, 시상 40g, 설탕 800g

이 약재를 가루 내어 멥쌀 닷 되로 시루떡처럼 찌면 된다. 맛도 시루떡 같아서 먹기에도 좋다. 이 처방은 정신을 보양하고 원기를 북돋우며, 비위장 소화기 기능을 강화하고, 식욕을 증진시킨다. 그래서 머리를 많이 쓰고 수면이 부족할 만큼 공부에 몰두하는 수험생들에게 가장 알맞은 처방 중 하나다. 이 처방은 아홉 가지 약재로 이루어져 있다. 과하지도 부족하지도 않게 체내 기능을 중용으로 조절하기 때문에 마치 왕의 덕과 포용력을 지닌 것 같다고 해서 '왕도'라는 표현을 썼다.

처방 중의 연육, 산약은 체력을 키우고 소화기를 강화한다. 백복령은 항스트레스 작용을 하고, 율무는 신경안정제다. 맥아는 디아스타아제 효소를 듬뿍 지니고 있고, 백편두는 석가모니가 단식하면서 득도한 후 제일 먼저 먹었을 만큼 강장성이 강한 신경안정제다. 간단하게 들고 다니면서 먹을 수 있는 수험생 식사 대용식으로 이만한 것이 없다.

18

공부하는 동안
무엇을 마실까?

건강하려면 반드시 수분 섭취를 해주어야 한다. 운동하고 땀을 흘리지 않은 상태라 하더라도 머리 부위로 혈액이 모이면서도 몸에 움직임이 원활하지 않아서 담습이나 어혈이 생기기 쉽다. 공부할 때는 평소보다 물을 더 많이 마시는 것이 중요하다.

특히 뇌의 건강 측면에서 신체 건강과 관련한 물의 섭취와는 다르게 고려해야 하는 부분이 있다. 우리의 뇌는 물의 비율이 높고, 구조 지방의 비율이 높으며, 포도당(글루코스)과 아미노산으로 기능을 한다. 뇌는 우리 몸의 다른 부분보다도 탈수에 가장 민감하기 때문에 내가 느끼는 갈증의 정도와는 무관하게 물을 적당량 자주 마시는 것이 좋다.

"하루에 2리터 이상의 물을 마셔야 건강하다."라는 이야기가 많이 들리지만 특별한 근거는 없다. 우리 몸의 소변 배설량이 보통 2리터 정도

이기에 배설하는 만큼 충분한 공급이 필요하다는 기준일 뿐 딱 그 양에 맞출 필요는 없다. 사람마다 체질과 섭취된 수분의 흡수 등이 다르기 때문에 필요할 때 소량씩 갈증을 느끼지 않고 소변량이 크게 변하지 않을 정도로만 수분을 보충해주면 된다.

∽ 물은 미지근하게 마신다 ∽

요즘은 공부하는 환경이 많이 좋아졌지만, 대부분 건조한 환경이어서 수분 보충이 필요하다. 하지만 단순히 물을 많이 마신다고 해결되는 문제는 아니다. 대부분 신경을 쓰거나 스트레스를 받으면 우리의 몸은 상초 즉 머리 쪽으로 열이 오른다. 그러다 보니 잘못된 열감각을 가지게 되면서 찬물을 벌컥벌컥 마시는 습관이 있다. 우리나라는 특히 냉온 정수기와 냉장고 설치 등이 잘 되어 있어서 쉽게 찬물이나 아이스 음료를 마실 수 있는 환경이다. 그러다 보니 더욱더 찬물을 많이 마시는 경향이 있는데 이것은 건강을 망치는 지름길이다.

될 수 있으면 물은 뜨겁게 마시는 것이 좋다. 우리 체온과 비슷한 미지근한 물을 마시면 가장 좋지만 대부분 물이나 음료를 차게 마시는 경향이 있어서 상보적인 개념으로 뜨거운 물을 마시겠다는 의도를 가지고 마시는 것이 전체 균형 면에서 좋다.

한여름에 삼계탕을 먹으면서 시원한 느낌을 받은 적이 있을 것이다.

추운 겨울뿐 아니라 여름에도 뜨거운 물을 조금씩 나누어 마시면 오히려 몸이 시원해지고 편안해진 느낌을 받을 수 있다. 혹시 이유 없이 몸 상태가 안 좋다면 며칠만 뜨거운 물을 마시면 컨디션이 금방 좋아지는 신기한 경험을 하게 될 것이다.

여기서 잠깐만!

우리 몸의 수승화강을 잘 이루어 순환성 질환에 큰 도움이 되는 묘방을 알려드리겠다. 그것은 바로 '음양탕'이다. 무언가 신비로운 한약 처방 이름 같지만, 필요한 것은 차가운 물과 뜨거운 물이 나오는 정수기만 있으면 된다.

❶ 투명한 유리컵에 뜨거운 물을 반 컵 붓는다.

❷ 그 위에 바로 차가운 물 반 컵을 붓는다.

❸ 유리컵 안에서 물이 대류 현상을 일으키는 것을 볼 수 있다.

❹ 그 에너지를 몸 안에 넣는다는 느낌으로 천천히 물을 한 컵 마신다.

간단하지 않은가? 하루에 5~6번 무의식적으로 마시던 물을 이렇게 방법을 바꿔 마셔보자. 공부할 때 집중력이나 컨디션이 달라지는 것을 알게 될 것이다.

∽ 천연 주스를 대체할 만한 음료는 없다 ∽

가장 좋은 음료는 물이다. 하지만 공부하는 동안 입이 심심하거나 부족한 요소를 채우고 싶은 욕구가 생기게 마련이다. 기호식품으로서 차와 커피는 기분을 좋게 하는 긍정적인 요소가 있다. 공부할 때는 물 이외에 어떤 것을 마시는 것이 효과적일까?

두뇌는 좋은 당의 편식자이다. 적절한 과당이 들어간 음료는 뇌에 활력을 주고 기분도 상쾌하게 해준다. 하지만 대부분 시중에서 파는 음료에는 합성 과당이 들어 있다. 될 수 있으면 생과일 주스 위주로 마시는 것이 당 보충에 도움이 된다.

최근에 음료회사들은 혈당을 올리지 않는다며 아스팜탐, 스쿠랄로스, 스테비아 등의 인공감미료로 대체한 음료들을 건강과 다이어트 음료로 홍보하고 있다. 하지만 제이슨 펑의 《비만 코드》에서는 이러한 음료는 혈당을 올리지는 않지만 인슐린을 올리기 때문에, 심지어 설탕과 같은 용량 대비 인슐린을 더 많이 올리고 뇌에 보상작용도 활성화할 수 없기에 더 많은 당을 요구하게 만든다고 한다. 아무리 몸에 좋은 건강음료라도 천연 주스를 대체할 만한 음료는 없다고 생각해야 한다.

∽ 공부할 때 가장 많이 마시는 음료 ∽

사실 음료는 건강이나 기능적 측면보다 자신의 선호도로 결정되는 요소가 더 많아서 참고만 하길 바란다.

서울대생들에게 설문조사를 해보니 가장 많이 마시는 것은 역시 카페인 음료의 대명사인 커피 종류였다. 카페인의 각성효과를 원하는 경우도 있지만 대부분 기호나 습관에 의해서 선택한 것으로 보인다. 그중에서도 아메리카노와 라테의 비중이 높았다. 그다음으로는 탄산수를 포함한 물을 많이 마셨다. 차의 경우는 개인의 기호에 따른 다양한 차 종류가 있었는데 뚜렷한 선호도는 찾기 어려웠다(콤부차, 우엉차, 둥굴레차, 아이스티, 카모마일, 루이보스, 녹차 등). 각성효과를 위해 에너지 드링크를 마시기도 했는데, 일반 음료(콜라, 데자와)를 마시는 것보다 더욱 선호했다. 여담이지만 서울대생들은 왜 데자와를 그렇게 좋아하는지 모르겠다. 사회생활을 할 때 데자와를 마시는 사람들을 거의 볼 수가 없었는데, 서울대생들은 필자가 재학 중에도 그랬지만 지금도 데자와를 많이 선호했다. 기능성을 위해 발포 비타민이나 링티 같은 전해질 보충 음료를 선택한 경우는 의외로 소수였다.

서울대생들의 음료 선택은 기능성 위주보다는 개인의 선호 차이에 따라서 결정된 것으로 보인다. 필자가 언급한 대로 좋은 물을 적당량 자주 마시는 것이 중요하고, 다른 음료는 자신의 선호에 따라 짧지만 즐거운 휴식시간이 될 수 있는 음료를 부담 없이 선택해서 마시는 것이 좋은 방법이 될 것 같다.

∽ 오미자차의 놀라운 효능 ∽

한의학 입장에서 추천할 만한 음료로는 어떤 것이 있을까? 바로 오미자차이다. 오미자는 중추신경을 흥분시키고 두뇌반사잠복기를 단축시키며 대뇌피질을 흥분시키는 작용을 한다.

오미자

오미자에는 뇌파를 자극하는 성분이 있어 졸음을 쫓고 과로로 생기는 시력 감퇴나 기억력 감퇴를 개선해 주기도 한다. 밤에 수험 준비를 하거나 정밀한 작업을 하는 경우에 도움이 되는 차라고 할 수 있다. 과로 때문에 사고력이 떨어지고 기억력과 주의력이 감퇴되며, 시력 저하나 눈의 피로가 심할 경우 오미자차를 복용하는 것이 좋다. 한방적으로는 기운을 북돋아 주고 신장을 튼튼하게 하는 작용을 하며 피로를 풀어주는 효과도 뛰어나다.

언제 마셔도 좋지만 특히 지나치게 땀을 많이 흘리는 탓에 진액 소모가 많아서 온몸이 나른하고 입이 마르기도 하는 한여름철에 마시면 더

욱 좋다. 따뜻하게 마시거나 차갑게 마셔도 다 풍미가 좋아 자신의 기호
에 맞춰 먹기도 좋다.

나만의 개성 있는
공부 도구들

19

개성을 살리는
공부 도구들

서울대생들이 공부할 때 사용하는 여러 가지 도구들에 관하여 좀 더 살펴보기로 한다. 자신의 부족한 면에 응용할 수 있다면 큰 도움이 될 것이다.

∽ 네모닉 ∽

네모닉은 포스트잇 크기의 메모지를 감열 방식으로 프린트하는 도구이다. 포스트잇으로 중요한 사항을 적어서 붙이는 것과 별반 다를 것이 없어 보인다. 하지만 수학이나 물리, 그래프가 많은 오답 노트 등에서 큰 위력을 발휘한다. 문제 자체나 풀이 수식 등을 핸드폰으로 찍어서 바로 출력하여 오답 노트에 붙이면 된다. 따로 복사하거나 출력해서 오려 붙일 필요 없이 문제 사이즈에 알맞은 형식이기에 간편하다.

최근에는 핸드폰이나 탭 등을 이용해서 문제를 푼 다음 전자파일로 저장하는 경우도 많기 때문에 이처럼 오답을 모아놓아도 무방하지만, 아직까지는 역시 출력해서 노트에 붙인 오답 노트만큼 가독성이 좋고 휴대성, 반복학습 면에서 뛰어난 것도 없다.

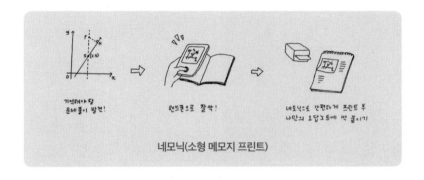

네모닉(소형 메모지 프린트)

특히 요즘 시험장의 특성상 전자기기 반입이 거의 불가능하기 때문에, 노트로 정리된 오답 노트는 수험장에 들고 가서 쉬는 시간에 계속 볼 수 있는 유일한 도구이기도 하다.

이처럼 오답 노트나 기출문제 정리도 자신이 필요한 문제들만을 찍어서 나만의 노트를 만들기에도 매우 용이하다. 복잡한 수식이나 그래프도 손으로 그리면 너무 복잡하거나 오래 걸리는데 바로 찍어서 붙일 수 있어서 편리하다. 필자도 경제학 그래프를 정말 못 그리는 편이었는데, 이러한 도구가 있었으면 잘 활용했을 것 같다. 노트 정리를 깔끔하게 잘하는 사람은 크게 의미가 없으나, 필자처럼 글씨나 그림이 악필인 경우에는 정말 유용하게 사용할 수 있는 도구이다.

∽ 산소캔 ∽

앞에서 수험에 좋은 운동으로 빔 호프(Wim Hof) 방식의 호흡법을 소개했다. 이 호흡법을 잘 활용하면 뇌의 산소 공급은 충분하겠지만, 코로나19로 마스크를 벗고 호흡 수련을 할 만한 공간조차 여의치 않을 경우에는 산소캔을 추천한다.

대부분의 독서실에는 산소 발생기를 구비하고 있으나 나에게 필요한 산소량이 충분한지는 알 수가 없다. 머리가 답답하고 암기가 잘 안 되거나 기분전환이 필요할 때 잠시라도 산소캔으로 깊은 호흡을 하고 나면 더욱 뇌 회전이 잘 된다는 것을 알게 될 것이다.

산소캔

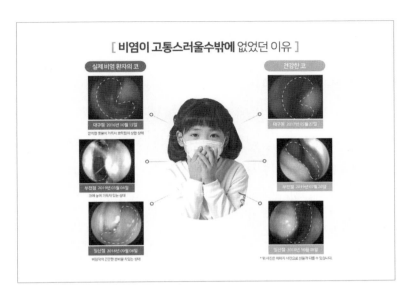

실제 비염 환자의 코

공부하는 주변에 자연녹지 공간이 있다면 가벼운 산책을 하면서 심호흡을 하는 것만큼 좋은 것도 없지만, 만약 그렇지 않다면 짧은 시간에 산소를 보충하는데 산소캔은 꽤 유용한 제품이다. 비염이나 호흡기 질환 등으로 답답함을 많이 느끼는 경우에도 사용할 수 있다.

코가 막혀 있는 경우에는 먼저 비염을 치료한 이후에 산소를 코로 마시는 습관을 들여야 한다. 비강을 통해 들이마셔야 산소가 뇌로 잘 공급되기 때문이다. 코로 숨을 못 쉴 때는 소아의 경우 성장 장애를 유발하며, 수험생은 집중력 저하, 성인은 심하면 만성 두통에 시달릴 수 있으니 코 호흡은 반드시 관리해야 한다.

∽ 자세교정기 ∽

앉는 자세는 척추가 받는 스트레스가 많은 편이다. 그래도 공부를 하려면 앉아있을 수밖에 없는데 이때 바른 자세를 계속 유지하기란 쉽지 않은 일이다. 마리오네트 인형이 매달려 있는 것처럼 몸은 똑바로 세우고 등 근육을 완전히 이완시키고 앉아있는 것이 가장 이상적인 자세다. 하지만 코어 근육이나 둔근이 잘 발달되지 않은 대다수의 사람은 척추의 변형이나 근육발달의 정도에 따라 자세가 금방 무너지고 만다.

자세를 교정해주는 여러 가지 아이템 등을 잘 활용한다면 허리나 등 부상을 예방하여 장기간 레이스인 수험에서 통증으로 인한 컨디션 저하나 슬럼프를 방지할 수 있다. 특히 척추가 S자로 바로 펴진 상태가 혈류의 산소 수준을 높이고 스트레스 또한 줄일 수 있기 때문에 바른 자세는 정말 중요하다.

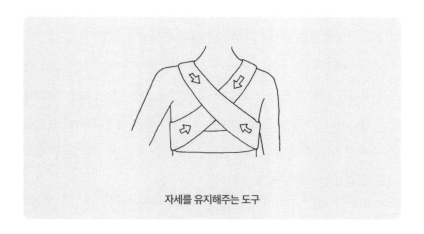

자세를 유지해주는 도구

특별히 운동하지 않아도 바른 자세를 유지하려고 노력하는 것만으로 코어 근육에 지속적인 운동 자극을 할 수 있어서 체력 유지에 도움이 된다. 자세교정기는 2가지 타입이 있는데, 밴드로 척추를 긴장시킨 자세를 유지해주는 보정기형 도구와 측정기가 달려있어서 우리 몸의 밸런스가 무너진 상태를 알려주는 웨어러블 IT형이 있다. 자신의 필요와 예산에 맞게 이러한 도구들을 사용하여 척추 건강을 지키고 집중력을 유지하는 것도 좋을 것이다.

∞ 브레인 트레이너 ∞

브레인 트레이너는 아직은 낯선 개념의 도구이다. 이전에 MC스퀘어라는 기구가 한때 우리나라에서 인기를 끈 적이 있었다. 이것은 빛과 소리를 이용하여 집중력을 향상하는 기계였다. 최근에 두뇌 개발 도구들은 뇌파에 더욱 집중하고 있다. 브레인 트레이너는 얼리어답터가 아닌 이상 잘 모르는 도구인데 서울대생들은 두뇌 개발에 관심이 많아서 인디고고(indiegogo) 등의 해외 펀딩 사이트에서 시개발되는 두뇌 개발 상품을 구입해 이용하는 경우도 종종 있었다. 이러한 제품들은 기존 두뇌 클리닉에서나 볼 수 있는 뇌파를 이용한 고가의 뉴로피드백 제품들을 개인 IT 기기에서 구동할 수 있게 만든 것이다. 최근에는 저주파의 전기 자극으로 두뇌를 자극하고 활성화 기능이 있는 두뇌 트레이닝 제품들도 생산되고 있다.

공부를 잘하고 오래 했던 사람들은 스트레스 상황에서 가끔 기억 회상 인지에서 평소보다 문제가 된다고 느끼는 브레인 포그(brain fog) 증상을 호소하기도 한다. 또한 명상하면서 정신건강을 유지하는 데 한계를 느껴 두뇌 훈련을 하는 것으로 정신건강 유지와 뇌의 휴식에 도움을 받기도 한다.

브레인 트레이너

뇌파 센서가 발달하고 소형화되면서 전두엽 피질의 혈류 및 산소 공급을 체크하며 피드백을 주고 뇌파의 리듬을 파악하여 전기 자극을 통해 리듬 정상화를 만들어주는 기능이 대다수이다.

뇌 기능 발달에 관심이 있는 사람들은 명상에 한 번씩은 관심을 보이지만 실제로 꾸준히 수행하는 것은 어렵다. 그래서 수험 기간만이라도 두뇌를 최적화하여 공부에 집중하려 하거나, 고도의 집중력이 필요한 전문직종에서 이러한 기구들에 수요가 많은 편이다. 자신이 이러한 환경에 해당한다면 한 번쯤 시도해 보는 것도 추천할 만하다.

7장

알아두면
유용한 공부 기술

20

시험에
합격하는 노하우

공부의 기본은 기억의 입력과 출력이다. 이것을 최적화하는 방법은 무수히 많다. 이미 공부 기술을 서술한 책들이 시중에 많이 나와 있다. 여기에 뻔한 이야기를 더 추가하고 싶은 생각은 추호도 없다. 그동안 기존 책에서 다루지 않았던 필자만의 공부하는 노하우를 소개한다.

⌒ 페르소나 공부법 ⌒

한 집안에서 형제자매 모두 공부를 잘하는 경우가 있다. 이것은 지능에 분명 유전적인 요소가 있지만, 강력한 롤 모델이 있기 때문이다. 첫째가 좋은 대학에 들어가면 대부분 동생들도 거의 상위권 대학에 진학한다. 공부할 때 롤 모델이 있는 것은 매우 중요하다.

공부할 때 동기부여를 유튜브로 하는 학생들 또한 이러한 방법을 본능적으로 활용한다. 우리 뇌에는 거울 뉴런이 있다. 태어나서는 부모처럼 애착이 있는 대상의 행동을 따라 한다. 커서는 호감이 있는 이성의 행동을 흉내 내듯 애착이 있는 대상의 행동을 따라 하면서 라포르를 본능적으로 쌓는다.

만약 공부할 때 주변에 롤 모델이 없는 환경이라면 어떻게 할 것인가?

1단계 자신이 가장 이상적으로 생각하는 공부 잘하는 사람을 생각한다. 현실에 존재하는 우리 학교 전교 1등도 좋고 유튜버도 좋고 동경하는 일타강사 혹은 아인슈타인도 좋다. 눈을 감고도 그 사람들의 얼굴이 생생하게 떠오를 수 있을 정도로 강력한 이미지를 만들어 낼 수 있느냐가 가장 중요한 요소이다.

2단계 대상의 이미지가 구체적으로 떠오른다면 그 사람이 공부하는 장면을 동영상처럼 머릿속에서 구현한다. 눈을 감고 명상하거나 편안하게 앉아서 이미지를 떠올린다. 이때의 이미지는 시간과 장소 개념이 들어가야 한다. 내가 공부하면 이상적일 것 같은 공간에서 롤 모델이 공부하는 모습을 떠올린다. 내가 원하는 시간 만큼 시계가 흐르는 이미지를 계속 반복해서 떠올린다.

3단계 2단계의 이미지가 매우 구체적이고 생생하게 다가온다면 이제 내가 평소에 공부하는 공간으로 이동한다. 거기서 눈을 뜨고 2단계의 상상을 한다. 즉 가장 이상적인 공부환경이 내 환경과 오버랩되고 롤모델이 내가 공부하는 공간에서 공부하는 모습을 아주 생생하게 떠올린다. 내가 약간 미쳐가는 게 아닐까 하는 느낌이 들도록 생생하게 구현하는 것이 좋다.

좋아하는 연예인이 있는 학생들이 마음을 잡으면 공부를 잘한다. 왜냐면 자신이 좋아하는 연예인과 함께하는 상상을 낮에도 밤에도 지속적으로 구현하기 때문이다.

4단계 이제 가장 중요한 단계이다. 생생하게 떠올린 롤 모델을 내몸과 일치시킨다. 이 느낌이 아주 중요하다. 이전 단계까지 상상이 잘되었다면 아마 롤 모델이 나에게 들어와 일치하는 순간 온몸에 짜릿한 전율의 느낌이 들지도 모른다. 바로 이 순간이 나의 공부 페르소나를 입는 순간이다. 이제 내 몸은 나의 지배가 아니라 내가 머릿속에서 구현해왔던 이상적인 공부량과 시간을 공부하던 나의 페르소나가 공부하는 것이다. 이것을 지속적으로 인식하면서 공부해본다.

5단계 4단계를 여러 번 반복하면서 어느 정도 내가 이상적으로 생각하는 공부 모습과 시간에 점차 가까워진다면 원하는 페르소나를 부를 큐사인을 정한다. 아주 단순하지만 내가 의식하지 않으면 안 되는 동

194

작으로 설정하는 것이 좋다. 4단계를 진행하는 동안 내가 페르소나를 의식하지 않고 공부를 잘하던 순간이 있었을 것이다. 그때에 간단한 나만의 페르소나 소환 앵커를 이식한다.

예를 들어 엄지와 검지로 오링을 만든다든지, 탁~ 타탁~ 정도의 간단한 리듬으로 연필을 책상에 두드린다든지, 볼펜을 세 번 달깍거리는 등의 간단한 수신호 정도가 좋다.

6단계 5단계의 페르소나 앵커가 공고하게 이루어졌는지 확인해보려면, 내가 평소에 즐겨 찾지 않았던 공부 장소나 커피숍 등의 산만한 공간으로 이동한다. 내 공부와 아무 상관 없는 책이나 브로슈어를 펴 놓고 잠시 눈을 감고 숨을 고른 다음 페르소나 앵커를 소환한다. 잠시 집중하여 책이나 의미 없는 브로슈어를 보면서 집중력이 유지되는지를 본다. 만약 10분 이상 집중할 수 있게 되면 앵커링은 성공적인 것이다.

7단계 페르소나는 내 정신적인 영역에서 자주 상기시켜 주지 않으면 그 감각이 사라진다. 따라서 공부를 상당 기간 손을 놓는다고 해도 종종 연습하는 것이 좋다. 이 페르소나를 잘 이식하여 활용이 잘 된다면, 이제 과목마다 페르소나를 만들어보는 것도 좋다.

국어는 학교에서 내가 가장 좋아하는 국어 선생님, 수학은 기발한 발상을 항상 보여주는 일타 수학 강사, 과학은 평소에 동경하는 교수님으로 구별한다. 이러한 개별 페르소나를 잘 구현하게 되면, 나중에는 성공학의 아버지 나폴레온 힐이 말했던 마스터 마인드 그룹[1]을 만들 수 있다. 일종의 스터디 마스터 마인드 그룹을 스스로 만들어서 공부의 어려운 점을 이들과 협업을 통해 해결할 수 있다.

설명이 어려워 보이지만 기존의 성공학에서 말하는 성공하는 마음의 법칙과 유사한 점이 많다. 우선 나의 목표를 생생히 그리고 그러한 과정을 아주 잘할 수 있는 대상을 머릿속에 구체적으로 구현한 다음 내가 그 대상과 일치되는 과정을 말한다. 정신적인 작용이지만 상상력이 더욱 생생할수록 공부에 집중하는 데 강력한 힘이 된다. 심지어 페르소나를 입었을 때 내가 잘 알지 못하는 분야의 문제 해결력 또한 높아지는 신기한 경험을 하게 된다. 필자는 가장 이상적으로 생각하는 한의사와 힐러들을 페르소나로 하여 치료를 하고 있는데 실험하는 페르소나에 따라서 침 치료 루틴의 구상이나 효과가 달라서 스스로 놀랄 때가 종종 있다.

∽ 화학의 분자식을 기억하는 법 ∽

필자는 문과 출신이다. 늦은 나이에 MEET 공부를 시작했는데 유기화학 때문에 절망한 적이 많았다. 아직도 유기화학은 너무나 어렵지만

---

1 마스터 마인드 그룹은 명확한 목표를 달성하기 위해 2명 내지 그 이상의 사람들에 의해 조화된 지혜나 지식과 노력의 협력관계이다.

기본적인 화학 분자식을 외울 때 기초적인 연상결합법을 응용했다.

일단 원소 기호를 나만의 부호로 기억해 놓는다.

H: 필자는 개인적으로 인물을 연결시키는 것을 선호한다. 제시를 제시카 HO 시절부터 알았던 터라 H를 제시로 기억한다.

O: 오렌지

Cl: 2NE1의 씨엘을 연결하였다.

S: SES의 슈를 연결하였다.

N: 신화의 앤디를 연결하였다.

예를 들어 초산 HNO_3인 경우 '제시가 앤디를 만나서 오렌지 3개를 먹었는데 초 시다'로 암기하는 식이다.

유기화합물 구조식은 이미지로 바꾸어 기억하는 것이 좋다. 우선 zigzag structure 그리는 법을 익힌 이후에 간단한 구조식을 이미지로 기억한다.

프로의 노름판은 판돈이 언덕처럼 쌓였다.

부탄가스로 집이 벌집이 되었다.

에타는 마음으로 언덕 오르다 넘어진 모양

아 세트로 다리에 매달리지 마라!

아우디 타는 아이언맨은 벤츠를 보면 머리를 갸우뚱한다.

사이클 타던 후세인이 육각방패로 방어(심리적 장벽 버리기 기법)

이 방법은 공부 흐름을 깨는 문제나 내용이 있을 때 쓰면 좋은 트릭이다. 우리는 보통 문제를 술술 잘 풀다가 자신이 풀기 싫어하는 유형이나 어려운 문제를 만나면 이것을 가지고 끙끙대다가 공부에 집중하지 못하고 흥미가 떨어진다. 흐름이 깨져서 그날 공부 전체를 포기하게 되는 경우가 종종 있다. 이때 이를 돌파하는 노하우가 있다.

우선 안 풀릴거나 막히는 내용이 있다면 2~3번까지는 집중력이 떨어지지 않는 선에서 시도해 본다. 그래도 안 될 경우에는 과감히 작은 노트나 포스트잇에 그 문제나 단락을 손으로 옮겨적는다. 문제의 경우 풀이 해설 부분도 이해하려 하지 말고 그냥 있는 그대로 적는다. 그리고 노트나 포스트잇을 해당 부분에 붙인 후 그냥 그 문제는 넘어가고 계속 공부한다.

이때 이 부분을 신경 쓰지 않는 것이 중요하고, 바로 다음으로 넘어가서 공부의 흐름을 유지하는 것이 포인트이다. 이제 내가 목표로 한 공부량이 완성된 다음 넘어간 부분의 노트나 포스트잇을 다시 보면서 도전해 보고 싶은 마음이 드는지 솔직히 나한테 되묻는다. 만약 부정적인 반응이 나오면 다시 다른 노트나 포스트잇에 옮겨 적는다. 그리고 다시 붙여 놓는다.

이 방법은 공부의 흐름을 깨는 부분에 마음을 두어 전체적인 공부 흐름에 방해받지 않기 위한 테크닉이다. 또한 포스트잇에 간단히 옮겨 적는 과정을 통해 무의식적으로 학습이 이루어진다. 그래서 이 방법을 몇 번 반복하다 보면 결국 뇌에서는 익숙한 과정으로 인식하여 더 이상 처음처럼 고통스럽게 느껴지지 않을 때가 온다. 그때 문제를 풀거나 정리하면 된다.

혹자는 바로 답을 보면서 베끼면 안 되냐고 반문한다. 하지만 어차피 내가 풀지 못하는 문제는 결국 해설을 보고 확인하면서 학습을 하지 않는가? 이것을 본다고 실력이 떨어지지 않는다. 오히려 여러 번 보면서 그 문제의 진의를 파악하게 되고, 같은 유형의 문제를 두려워하지 않게 되어 점차 이러한 흐름을 끊게 하는 내용이 점차 줄어든다. 계속 이러한 방법을 반복하면서 노트나 포스트잇이 쌓인 것들만을 따로 모아만 놓아도 좋은 오답 노트 혹은 암기 노트가 만들어지기도 한다.

∽ 순수하게 공부한 시간을 쾌락으로 보상하라 ∽

필자는 돈에 민감한 편이다. 어려서부터 돈을 벌고 젊은 나이에 사업

한 경험이 있어서인지 돈만큼 강한 유인 보상이 없는 것 같다. 필자와 비슷한 성향이라면 이를 응용하여 공부에 재미를 더할 수 있다. 나는 한 달에 공부할 수 있는 시간을 나의 전체 용돈과 매칭시켰다. 즉 내가 하루에 10시간을 공부하는데 한 달 용돈이 30만 원이면 시간당 1만 원인 것이다. 그래서 하루에 순수하게 공부한 시간을 체크하여 기입장에 적고 그 누적된 돈만큼을 사용하였다.

나는 이렇게 공부해서 쌓은 마일리지의 돈만큼은 저축이나 효용과는 상관없이 순수하게 나의 즐거움을 위해서만 사용하였다. 비싼 디저트를 먹고 내가 좋아하는 가수의 CD를 구입하는 등 순수하게 나만의 행복을 위한 소비를 하였다. 돈을 모으는 것도 중요하지만 나에게 시간을 투자해서 나의 가치를 높이는 것도 그만큼 중요하기 때문이다. 이렇게 매일 자신의 다이어리에 시간을 돈과 연결해서 나에게 보상하면 게임 퀘스트만큼 즐겁게 공부하는 시간을 만들 수 있다. 순수하게 나의 쾌락을 위한 용도로만 돈을 써야 이 마일리지를 쌓을 유인이 강력해진다는 것을 기억하자.

∽ 정말로 모르는 문제가 나왔을 때 ∽

아무리 열심히 시험을 준비하더라도 모든 문제를 완벽하게 풀 수는 없다. 혹은 시간 배분을 잘못하여 뒷부분 문제에 손을 못 대는 경우도 많다. 그렇다고 해서 무력하게 이런 문제들을 포기할 수는 없지 않는가? 모르는 문제를 찍어서 정답률을 높이는 방법에 대해서 알아보자. 이것은 학문적인 것과는 정말 아무 상관 없는 시험에서 찍는 기술에 대한 경험적 접근 방법이다.

❶ 수능과 같은 국가 공식 시험

요즘 대다수 시험은 5지 선다형으로 이루어져 있다. 이러한 시험은 한 번호로 찍었을 때 고득점을 받을 수 없도록 될 수 있으면 정답이 균형적으로 배치되어 있는 편이다. 예를 들어 100문제의 경우 각각 25문제 전후로 구성이 되어 있다. 따라서 대다수 문제를 열심히 풀고 난 이후에 한두 문제를 찍어야 하는 상황이라면 상대적으로 적게 나온 번호를 찍는 것이 정답일 확률이 높다

❷ 텝스 시험과 같은 4지 선다형

텝스는 c가 정답이 확률이 높다는 것은 대부분 알고 있다. 특히 4지 선다형 문제일 경우에는 3번이 정답일 확률이 높다. 정말 모르겠으면 3번을 선택하는 것도 괜찮다.

❸ 언어 시험과 같은 선택지 문장이 긴 문제

이러한 문제들은 선택지 중 가장 긴 선택지 주변을 잘 살펴야 한다. 예를 들어 3번이 가장 긴 선택지였다면 2번이나 4번이 정답일 확률이

높다. 인간은 거짓말을 할 때 말을 장황하게 늘어놓는 경향이 있다. 따라서 정답을 숨기고 싶을 때 일부러 지문을 길고 그럴듯하게 만들어 놓는 경향이 있다. 따라서 그 주변에 정답이 있다.

❹ 지문만을 보고 찍기

• 내용상 두 지문의 내용이나 어휘가 비슷한 문장이 있다면 그 둘 중에 하나가 정답일 확률이 높다. 난이도를 조절하기 위해 정답 문항과 유사하게 패러프레이징하여 오답을 숨겨 놓는 경우도 많기 때문이다. 항상 끝까지 고민하던 2개 중에 찍으면 항상 안 찍었던 것이 답이었던 경험을 떠올린다면 무슨 말인지 이해가 될 것이다.

• 전통적인 방식이지만 단정적인 표현이 있는 경우는 오답인 경우가 많았다. 최근 시험 경향을 보면 꼭 그런 것은 아닌 것 같다.

• 선택지가 패턴이 있는 경우

선택지를 읽어보면 2-2-1로 패턴이 있는 경우가 종종 있다.

①A-B-C ②B-A-C ③B-C-A ④C-A-C ⑤C-B-A

예를 들어 선택지 패턴이 이런 규칙으로 나올 때 1에 해당하는 1번은 답일 확률이 많이 떨어진다. 출제자는 자신이 어렵게 생각한 문제의 답을 눈에 확 띄게 해 쉽게 풀어버리기를 원하지 않는다. 보통은 2/2 패턴이 맞닿는 곳 즉 이 문제의 경우 3번과 4번이 답일 확률이 높다. 상대적으로 정답을 2번과 5번 자리에 배치하게 되면 패턴이 다르다고 해도 답이 좀 더 눈에 잘 띄기 때문에 항상 답은 헷갈리는 구성안에 있다고 생각해도 무방하다.

• 선택지 전체 지문의 내용을 음양으로 구분하기

음양이라고 이야기하면 어렵게 느껴지지만 쉽게 예를 들자면 4개의 지문이 긍정적인(+) 내용이고 1개의 지문이 부정적인(-) 내용이라면 1개의 지문이 정답일 확률이 높다. 2-2-1 패턴과는 다르게 4-1 패턴의 경우는 1이 정답일 확률이 높다. 4-1 패턴에서 4안에 정답이 있게 되면 1지문은 누구도 보지 않고 그냥 의미 없는 선택지가 되기 때문에 출제자는 보통 4-1 패턴의 경우 1에 정답을 넣는 경우가 많으며, 이러한 지문은 보통 4번이나 5번으로 세팅되는 경우가 많다. 출제자는 자신이 만든 문제를 수험생이 모두 정성스럽게 보았으면 하는 마음이 있다는 것을 기억하자.

• 선택지 안의 문항 수가 다른 경우

①가 ②나 ③가, 나 ④나, 다 ⑤가, 나, 다

선택지 안의 문항 수가 1개, 2개, 3개인 경우는 2개인 경우 즉 ③번과 ④번이 답인 경우가 가장 많다. 특히나 ③번과 ④번 중에서 필자에게 하나를 찍으라고 한다면 1개씩 구성된 패턴(①번과 ②번 문항)에서 나오지 않은 '다'가 포함된 ④번을 찍을 것 같다. 꼭 맞는 것은 아니지만 많은 기출문제를 풀게 되면 이러한 감이 온다.

- 너무 튀는 한자나 숫자가 나오는 경우 제거하는 것이 좋다. 출제자는 자신의 답을 미묘하게 숨기는 것을 좋아한다는 것을 잊지 마라.
- 답을 대입할 수 있는 문제의 경우 대입해서 푸는 것이 가장 빠르다.

∽ 독해력을 키우기 위한 가장 중요한 요소 ∽

공부를 잘하기 위한 가장 중요한 능력을 하나 꼽으라고 한다면 필자는 독해력이라고 말하고 싶다. 왜 우리는 공부할 때 독해를 잘 해야 할까? 그 해답은 왜 공부해야 하는지 본질적인 물음과 맞닿아 있다.

서울대는 지덕체(智德體)를 골고루 갖춘 인재를 선발하려 한다. 그중에서 지(智) 부분은 배우는 것을 즐겨 하는 리더로 성장할 인재에 해당할 것이다. 리더의 가장 중요한 덕목은 조직원들의 의견을 정확하게 파악하고 자기 생각을 논리적으로 피력할 수 있는 능력이다. 리더는 정치·경제·사회의 흐름을 정확하고 빠르게 짚어내고 핵심과 근본구조를 파악할 줄 알아야 한다.

우리가 상대와 100% 공감하며 의사소통을 할 수 있다면 지구상에 갈등은 존재하지 않았을 것이다. 어쩔 수 없이 말이나 글로써 생각을 전달하는 과정에서 항상 오해와 오류가 생길 수밖에 없다. 그렇다면 가장 오류가 적게 의사소통을 하기 위해서는 타인의 의견을 정확하게 파악하는 것이 중요하다. 이것은 독해 능력을 키워야 가능하다.

수능은 단순히 명문대를 가고 서열 배치를 하는 테스트가 아니다. 사회가 원하는 핵심을 파악할 수 있는 독해력을 가진 사람을 변별하기 위한 사회적 장치다. 따라서 수능의 많은 과목 또한 이러한 독해 능력의 연속일 수밖에 없다.

흔히 독해는 언어 능력 즉 국어, 영어에만 적용된다고 보지만 궁극적으로 모든 문제는 독해이다. 수학도 마찬가지이다. 수학 문제를 정확하게 분석하고 여러 번 읽어보라고 수없이 강조하는 이유는 올바른 독해를 해야 문제를 풀 수 있기 때문이다. 문제 자체를 이해하지 못하면 문제에서 요구하는 공식과 풀이를 진행할 수 없다.

그렇다면 독해 능력을 키우기 위한 가장 중요한 요소는 무엇일까? 그것은 같은 내용을 다르게 말하기 즉 패러프레이징(paraphrasing)이다.

❶ 국어는 주제문과 같은 내용의 패러프레이징 문장을 찾는 것이 정답의 핵심이다. 이것은 기출문제를 반복해서 풀다 보면 그 능력이 향상된다.

❷ 수학은 질문 내용의 패러프레이징으로 공식을 만드는 것이 핵심이다. 만약 풀고 있는 문제 자체가 이해되지 않는다면 아직 수학 독해력이 부족한 것이다. 미련 없이 하위 단계로 가서 문제를 반복하여 풀면서 독해력을 키우고 다시 도전해야 한다. 킬러 문제 같은 경우는 이러한 것으로 해결되지 않기 때문에 차분히 해설을 보면서 문제를 독해하는 연

습을 될 수 있으면 많이 해야 한다.

❸ 영어는 주제문과 같은 내용의 패러프레이징 문장을 만들 수 있는 것이 핵심이다. 주제문 찾는 연습을 매일 근육 운동처럼 해야 한다.

지문의 대표적 구조를 꼭 숙지하라!

두괄식		미괄식	중괄식
주제문(핵심어)	도입문(예열 단계)	도입문(예열 단계)	일반적 관점(통념)
⇩	⇩	⇩	⇩
뒷받침 글1	주제문	구체적 사례	반론 제기(주제문)
⇩	⇩	⇩	⇩
뒷받침 글2	뒷받침 글	주제문	뒷받침 글

양괄식	주제문이 없는 경우
주제문	일화 또는 도입부
⇩	⇩
뒷받침 글	구체적 진술1
⇩	⇩
재진술(주제 반복)	구체적 진술2

적어도 머릿속에 글의 흐름에 대한 구조도를 가지고 독해를 한다면 보다 빠르고 정확한 독해를 할 수 있다. 마치 설계도를 보고 건축을 하는 것과 같다.

참고 문헌 〰〰〰〰〰〰

와다나베 다까아끼, 우천석 역, 《머리가 좋아지는 책》, NBB, 2007

팀 페리스, 박선령, 정지현 역, 《타이탄의 도구들》, 토네이도, 2018

웬디 우드, 김윤재 역, 《해빗》, 다산북스, 2019

제나 마치오키, 오수원 역, 《면역의 힘》, 월북, 2021

한병철, 한병기, 《시크릿 트레이닝》, 파란미디어, 2011

선 영, 이미숙 역, 《무조건 달라진다》, 21세기북스, 2018

제이슨 펑, 제효영 역, 《비만 코드》, 시그마북스, 2018